축구 레전드
유니폼
1000

축구 레전드 유니폼 1000

펴낸날 | 초판 1쇄 2020년 7월 1일
지은이 | 베르나르 리옹
옮긴이, 엮은이, 펴낸이, 디자인 | 김연한
펴낸곳 | GRI.JOA FC(그리조아FC)
※GRIJOA FC는 GRIJOA의 축구책 전문 브랜드입니다.

주 소 | 인천시 계양구 당미5길 7 102-501
전 화 | 032-545-9844
팩 스 | 070-8824-9844
이메일 | fc@grijoa.com
웹사이트 | www.grijoa.com
페이스북 | www.facebook.com/soccerjoa
출판등록 | 2013. 9. 4 제25100-2012-000005호

ISBN 979-11-89460-00-6

* 책값은 뒤표지에 있습니다..
* 파본은 구입하신 곳에서 바꾸어 드립니다.
* 이 책에 실린 내용은 2020년 6월 이전 기준입니다.

축구 레전드 유니폼 1000

베르나르 리옹 지음

GRI.JOA FC

My life
for a jersey

"내 인생은 축구 유니폼과 함께했다."

지은이의 말

커피 한 잔을 마시며 거실 창문을 통해 내 욕망의 대상인 유니폼을 발견한다. 거친 싸움을 끝낸 유니폼이 정원 구석의 빨랫줄에서 꼭 필요한 휴식을 즐기고 있다.

난 젊은 독자들에겐 낯선 옛날을 회상한다. 경기가 열리기 전날, 축구 선수의 아내들은 집에 기자들을 초대해 식사를 대접했다.

경기장에서 팬뿐 아니라 젊은 기자들은 선수의 영광스러운 유니폼에 눈독을 들였다. 빈손으로 돌아올 때는 실망했지만, 늘 희망을 버리지 않았다. 그 시절, 내가 유니폼보다 더 지키고 싶었던 것은 그것을 입은 남자의 기억이었다. 왜냐하면, 기억만큼 변하기 쉬운 건 없기 때문이다.

그러던 어느 날 저녁, 나는 처음으로 유니폼을 받았다. 자신의 열정과 통한다고 느낀 몽펠리에HSC의 루이 니콜랭 회장이 데뷔전에서 골을 넣은 로랑 로베르의 유니폼을 나에게 선물한 것이다. 감사합니다. 회장님.

파르크 데 프랭스(파리생제르맹의 홈구장)에서 경기가 끝난 후, 르아브르AC의 선수가 내게 다가왔다. 그는 가방에서 쑥스럽게 유니폼을 꺼냈다. 더러워서 그는 그걸 나에게 줄지 잠시 망설이다 건넸다. 고마워. 비카쉬 도라수(르아브르에서 데뷔한 인도계 프랑스 선수).

또, 파트릭 바티스통은 그가 운영하는 보르도의 유소년 축구 아카데미에 와달라고 했다. 그러면서 나에게 1982년 월드컵 프랑스 대 잉글랜드 경기에서 입었던 유니폼을 주었다. 그날 바티스통은 날 저녁 식사에 초대해서 그의 아내를 만나게 해주었다. 그는 내가 그 유니폼을 가질 자격이 있는 사람임을 아내에게 확인받고 싶어 했다. 멋진 남자, 바티스통. 고마워.

20년 넘게 내 인생은 축구 유니폼과 함께했다. 난 물욕도 없고 수집욕도 없지만, 유니폼을 사랑한다. 그것이 전부다. 나는 유니폼의 색과 엠블럼, 그리고 그것들이 전하는 역사와 이야기를 좋아한다. 유니폼은 영원의 순간을 상징한다. 그것은 큰 기쁨인 동시에 쓰디쓴 고통의 기억이다. 신기원을 이루며 팬과 선수가 함께했던 사랑의 상징이다.

나는 유니폼 앞에서 삶을 되짚어보며 몇 시간이고 보낼 수 있었다. 그 기억을 이 책에 모두 담기로 하겠다.

베르나르 리옹

I was Tagnin. Dreaming of Di Stéfano

"난 타그닌이었다.
디 스테파노를 꿈꾸는 타그닌이었다."

안첼로티의 말

난생처음 축구 유니폼을 선물 받았을 때, 여섯 살이었던 내 심장은 터질 듯했다. 그저 감동이었다.
그날 나는 카를로 안첼로티가 아니라 카를로 타그닌(1950~60년대 이탈리아 인테르에서만 활약했던 선수)이었다. 불과 몇 달 전, 오스트리아 빈의 프라터 경기장에서 열린 유러피언컵 결승전(1964년 인테르밀란 vs 레알마드리드)에서 수미형 미드필더 타그닌은 빛나는 전설 알프레도 디 스테파노를 지워버렸다.
선물 받은 유니폼은 나의 첫사랑, 인테르의 유니폼이었다. 모든 것을 삼켜버릴 듯한 정열과 추억 가득한 나의 반신, 인테르! 일 때문에 집에 두고 올 수밖에 없었던 그 유니폼…….
두꺼운 옷감으로 되어 있어 여름에는 몹시 덥고, 겨울에는 움직이기 불편했지만, 그래도 그 유니폼은 나에게 행복의 방정식이었고, 누구든 상대할 수 있는 전투복이었다. 땀으로 흠뻑 젖어서 몸에 들러붙어도 나는 웃고 있었다. 이 아름다운 것을 싫어할 리 없지 않은가.
인테르 유니폼의 굵고 검은 선은 상대를 압도하는 공포를, 파란 선은 하늘을 상징하는 것 같았다. 최고의 스토리를 짜는 데는 몇백 쪽까지 필요 없다. 인테르 유니폼의 줄무늬처럼 선 몇 개만 있으면 충분하다. 내 말은 글로 표현할 수밖에 없지만, 어떤 종류의 달콤하고 뜨거운 기억은 검은 선과 파란 선만으로 표현할 수 있다. 등번호도 선수명도 아직 들어가 있지 않았지만, 그걸로 완벽했다. 모름지기 다이아몬드는 심플해야 한다. 순수하지 않은 것은 다이아몬드의 우아함을 깨뜨린다.
나에겐 유니폼이 그랬다. 앞으로도 계속 그럴 것이다. 순수한 동심으로 돌아가서 경기 장면을 상상하면, 나는 맨땅에서도 산시로의 고르게 깎인 잔디를 볼 수 있다. 처음엔 선수로, 나중엔 감독으로 지내면서 나의 팀 컬러는 바뀌었을지 모른다. 사는 나라와 목표도. 그러나 첫사랑은 절대로 잊을 수 없다. 유니폼은 단순한 수집품이 아니라 내 마음의 일부다.
나는 타그닌이다. 디 스테파노를 상대하길 꿈꾸는 타그닌이었다.

카를로 안첼로티

유럽 축구계의 명장.
선수로서 파르마, 로마, AC밀란에서 뛰었으며,
감독으로 레지나, 파르마, 유벤투스, AC밀란, 첼시,
파리생제르맹, 레알마드리드, 바이에른뮌헨, 나폴리,
에버턴 등 유럽 명문 팀을 지휘했다.

Contents

CCCP

Brazil
Italy
Germany
Argentina
Uruguay
France
Spain
England
Mexico
USSR
Cameroon
Korea
Netherlands
United States
AC Milan

Legendary shirts
전설의 유니폼
175

Boca Juniors
FC Barcelona
Real Madrid
Ajax
Liverpool
Juventus
Internazionale
Bayern Munich
Santos
FC Porto
Manchester United
Chelsea
Borussia Dortmund
Benfica
Olympique de Marseille
Paris Saint-Germain

여는 글

로저 밀러는 자신을 억누를 수 없었다. 1990년 이탈리아 월드컵 개막전, 경기 종료 휘슬이 아르헨티나를 꺾은 카메룬의 역사적인 승리를 알렸을 때였다. '불굴의 사자'로 알려진 카메룬 대표팀의, 아니 아프리카의 상징이라고 할 수 있는 38세의 밀러가 마라도나에게 다가가 유니폼을 교환하자고 했다. 그러자 아르헨티나의 영웅은 패배의 충격이 가시지 않은 상태에서도 싱긋 웃으며 흰색과 하늘색 세로줄 무늬의 유니폼을 내밀었고, 대신 밀러의 녹색 유니폼을 받아 자신의 어깨에 걸쳤다.

유니폼에는 위대한 선수와 영원히 통하는 무언가가 있다. 레알마드리드의 순백 유니폼을 입은 알프레드 디 스테파노, 나폴리의 바다색 유니폼을 입은 마라도나, 네덜란드 대표팀의 오렌지 유니폼을 입은 크루이프, 프랑스 대표팀의 파란 유니폼을 입은 지단. 이런 최고 선수도 유니폼에 마음이 흔들린다. 전 세계 그라운드 위에서 선수들은 유니폼을 교환한다. 때로는 빛나는 승리 뒤에, 때로는 패배의 충격 뒤에, 때로는 동점 상황의 하프타임에…… 교환된 유니폼의 대다수는 유리 액자에 들어가 선수의 집 벽에 걸리고 그가 뛴 경기의 중요한 상징이 된다.

경기 후 선수들이 유니폼을 교환하는 장면은 지금은 흔하지만, 옛날엔 그렇지 않았다. 1931년 5월 31일, 10년 만에 잉글랜드 대표팀을 이긴 프랑스 대표팀이 기뻐하며 기념으로 유니폼을 교환하자고 한 게 시초다. 이 스포츠맨다운 행동은 이후 전 세계로 전파되었다. 1970년 6월 7일, 멕시코 월드컵에서 브라질이 고전 끝에 잉글랜드를 1-0으로 이긴 뒤, 종료 휘슬과 함께 펠레와 바비 무어가 유니폼을 교환하는 장면이 결정적이었다. 그 뒤로 경기가 끝나면 유니폼을 교환하는 관습이 생겼다. 다만, 경기 중 골을 넣고 유니폼을 벗는 것은 이유를 막론하고 스포츠맨답지 않은 행위로 간주하여 FIFA가 경고를 주고 있다.

물론 특별한 경우도 있다. 2006년 10월 14일, 첼시 대 레딩 경기에서 첼시 골키퍼 체흐가 다쳐 쿠디치니로 교체되었으나 그마저 다치는 바람에 첼시의 주장 존 테리가 골키퍼 유니폼으로 갈아입고 남은 시간 골문을 지켰다. 또한, 1996년 4월 13일에는 하위 팀 사우샘프턴에 0-3으로 끌려가던 맨체스터유나이티드의 퍼거슨 감독이 회색 유니폼 탓이라며 하프타임에 선수들에게 회색 유니폼 상의를 갈아입으라고 지시한 일이 있었다. 후반전에 한 골을 만회하며 유니폼 교체 효과를 보는 듯했으나 결국 패하고 말았다.

이처럼 유니폼엔 단순히 축구의 역사만 담기지 않았다. 유니폼엔 전설이 담겨 있다. 믿을 수 없는 경기와 잊을 수 없는 팀을 꿈처럼 떠올리게 한다.

바르셀로나 유니폼을 입은 마라도나. 1982~1984년 두 시즌 동안 58경기 38골을 기록했다.

Brazil

브라질

국기를 몸에 두르다

월드컵 하면, 브라질의 초록색 라인이 있는 노란 유니폼이 먼저 떠오른다. 그러나 셀레상(브라질 대표팀의 애칭)은 처음부터 노랑과 초록의 조합은 아니었다.

브라질은 1919년부터 첫 자국 개최였던 1950년 월드컵까지 하얀 유니폼이었다. 그러다 이 기조를 뒤흔드는 일이 일어난다. 1950년 7월 16일, 마라카낭 경기장에서 열린 월드컵 최종전에서 브라질이 우루과이에 1-2로 패배하고 만 것이다. 당시 대회 규정상* 무승부만 해도 우승컵이 브라질의 손에 들어가는 상황이었기에 브라질 국민들은 충격으로 망연자실했다. 일부 브라질 팬들은 이 '마라카낭의 비극'이 하얀 유니폼 탓이라며 불태웠다. 그 뒤, 브라질 축구협회는 유니폼을 브라질 국기의 색에 맞춰 새로 디자인했다. 아마존의 열대우림과 풍족함을 상징하는 노란색과 초록색의 조합이었다. 유니폼 하의와 어웨이 유니폼은 국기의 제4색인 파란색을 쓰기도 했지만, 이 카나리아 유니폼으로 브라질 대표팀은 1958년 스웨덴 월드컵부터 2002년 한일 월드컵까지 다섯 번 우승한다.

*1950년 월드컵은 지금과 달리 조별 리그 이후 다시 결선 리그로 우승팀을 정하는 방식이었다. 결선 리그 최종전 직전까지 브라질은 우루과이가 어렵게 1승 1무 거둔 두 팀을 상대로 골 잔치를 벌였기 때문에 브라질의 우승은 기정사실처럼 여겨졌다.

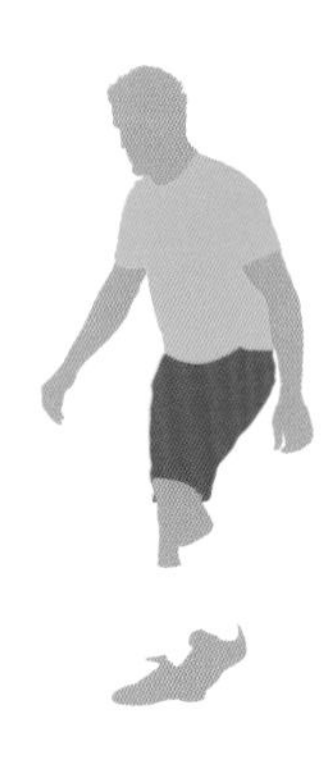

10

세계 대회 타이틀

FIFA월드컵 우승 5회
FIFA컨페더레이션스컵 우승 4회
올림픽 우승 1회

9

대륙 대회 타이틀

코파아메리카 우승 9회

2002
한일 월드컵 우승

1950
브라질 월드컵 준우승

1958
스웨덴 월드컵 우승
(어웨이용)

1962
칠레 월드컵 우승

1994
미국 월드컵 우승

Brazil

펠레, 우연히 받은 10번

축구 선수는 처음부터 등에 이름과 번호를 달고 뛰진 않았다. 1930년대 잉글랜드에서 도입된 등번호 제도는 1954년 월드컵부터 정식 채택되었다. 그리고 1958년 스웨덴 월드컵에서 10번은 팀에서 가장 창의적인 선수의 상징이 되었다. 이 대회에 17세의 나이로 데뷔한 펠레와 브라질 축구협회의 실수 때문이었다. 대회 시작 전, 브라질 축구계의 간부는 규정대로 국가대표로 선발된 선수의 리스트를 보냈지만, 선수의 등번호 배정을 누락했다. 그 바람에 우루과이인 FIFA 담당자는 임의로 3번을 주전 골키퍼 지우라르에게, 10번을 무명이었던 펠레에게 배정했다.

펠레는 월드컵을 앞두고 부상당했지만, 브라질의 세 번째 경기인 소련전에 첫 출장 했고, 그 뒤 4경기 6골을 기록한다. 5-2로 승리한 4강 프랑스전에서 3골, 또 5-2로 승리한 결승 스웨덴전에서 2골. 이리하여 10번의 전설이 탄생했다.

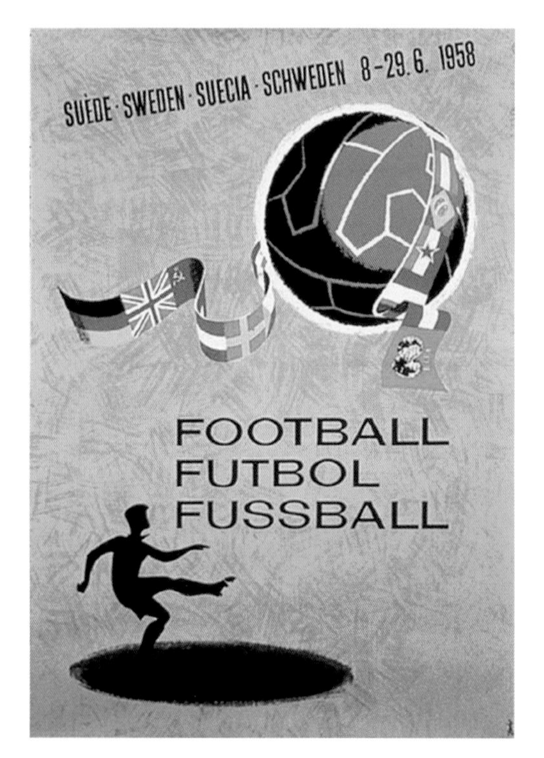

에스타디오 아스테카, 멕시코 시티(멕시코)
1970년 6월 21일
월드컵 결승 이탈리아전. 브라질에 리드를 안겨주는 헤딩골을 넣고, 자이르지뉴에게 안긴 펠레.

사상 최대의 경기장

히우지자네이루(브라질)의 이스타지우 조르날리스타 마리우 필류는 마라카낭이라는 별명으로 유명한 경기장이다. 1950년 월드컵 결승전 입장 관중이 최소 199,854명이었고, 이는 축구계의 기록이기도 하다. 현재 수용인원은 76,804명으로 줄었다.

Italy

이탈리아

녹+백+적=청

월드컵 4회 우승국 이탈리아는 국기 색과 다른 색의 유니폼을 입는, 몇 안 되는 대표팀 중 하나다.

자국 팬들로부터 "라 나치오날레(La Nazionale 국가대표팀)"라고 불리는 이탈리아 대표팀. 1938년 프랑스 월드컵에서 프랑스인 저널리스트가 '파란 팀'이라고 썼지만, 원래 이탈리아는 국기의 3색 중 하나를 적용한 흰색 유니폼이었다. 이탈리아의 첫 공식 국가 대항전은 1910년 5월 15일, 밀란 아레나에서 열린 프랑스전이었다. 그 경기에서 이탈리아는 하얀 유니폼을 입고 6-2로 승리했다. 그런데 8개월 뒤, 1911년 1월 6일, 헝가리전에서는 전혀 다른 파란 유니폼을 입고 나왔다. 웬일인가 싶었지만, 공식 색상이 파란색인 사보이아 왕가에 경의를 표하기 위해 선정된 색이었다고 한다. 이후, 이탈리아 팀이 하얀 유니폼으로 돌아가지 않고, 계속 파란 유니폼을 입자 팬들은 "아주리(Azzurri 파란 선수들)"라고 했다. 다른 종목의 이탈리아 대표팀도 축구를 따라 파란 유니폼을 채택했다. 이전 흰색은 세컨드 유니폼에 쓰여서 이탈리아인들이 자국 스포츠의 원점을 잊지 않도록 했다.

5

세계 대회 타이틀

FIFA월드컵 우승 4회
올림픽 우승 1회

1

대륙 대회 타이틀

UEFA유로 우승 1회

2006
FIFA월드컵 우승

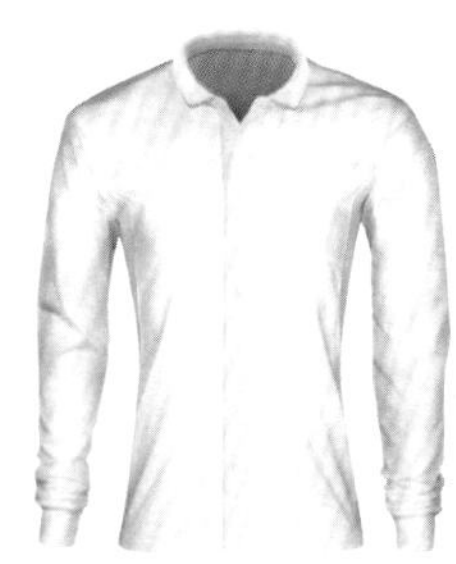

1910
첫 유니폼

1934-1938
FIFA월드컵 우승
(우승 2회)

1968
UEFA유로 우승

1982
FIFA월드컵 우승

올림피아 슈타디온,
베를린(독일)
2006년 7월 9일
결승에서 프랑스를 꺾고 이탈리아의 주장 파비오 칸나바로가 이탈리아 사상 네 번째 월드컵 우승 트로피를 들었다.

Italy

'악동' 발로텔리

맨체스터시티에서 뛸 당시(2010~2013년 1월), 기행이 화제가 되었던 마리오 발로텔리는 이탈리아 대표팀에서도 비슷한 소동을 일으켰다. 2011년 11월 15일, 로마의 올림피코 스타디움에서 열린 친선 경기 우루과이전에서 이 아주리의 스트라이커는 하프타임 후, 유니폼을 잘못 입고 후반전에 나왔다. 사실 이 경기는 유로2012를 앞두고 스포츠용품 업체 푸마가 디자인한 새 유니폼을 처음으로 선보이는 자리였다. 그러나 발로텔리는 예전 유니폼을 입고 나온 것이다. 주심이 알아채기까지 오래 걸리지 않았다. 후반 시작한 지 얼마 안 돼 발로텔리와 우루과이의 주장 디에고 페레스가 공중에서 충돌해서 경기가 멈췄을 때, 주심은 발로텔리에게 동료와 같은 유니폼을 입고 오도록 지시했다.

"나는 이탈리아인이다.
이탈리아인다운 감각을 지니고 있다.
언제나 이탈리아 대표를 위해 뛴다."

마리오 발로텔리

내셔널 스타디움, 바르샤바(폴란드)
2012년 6월 28일
유로2012 준결승 독일전에서 '슈퍼 마리오' 발로텔리는 두 골을 넣고, 트레이드 마크가 된 자세를 취했다.

ITALIA

Germany

독일

통일과 다문화화

1989년 베를린 장벽 붕괴 후, 통일된 독일 대표팀은 다문화화를 목표로 시행된 신국적법을 활용했다.

독일 국기는 검정, 빨강, 노랑 3색이지만, 독일 대표팀은 19세기 프로이센 국기의 색인 하얀 상의에 검은 하의를 입고 뛰었다. 13세기 이래, 독일의 상징이었던 독수리의 기원은 신성 로마 제국으로 거슬러 올라간다. 하지만 제2차세계대전 후, 나라의 분단으로 1949년부터 1990년까지 동독과 서독이라는 두 독일 대표팀이 두 종류의 유니폼을 입었다. 1974년에는 월드컵이 서독에서 개최되었고, 두 팀은 함부르크에서 붙어서 동독이 1-0으로 이겼다. 1990년 10월 3일, 독일 통일 이후, 마티아스 잠머는 동독 출신으로 처음 통일 독일 대표 선수가 되었고, 1996년에는 발롱도르를 받았다. 그러나 신생 독일 대표팀은 톱클래스의 성적을 올렸다고는 할 수 없었다. 당시 통일 독일이 따낸 타이틀은 유로1996 우승뿐이었기 때문이다. 월드컵 세 차례 우승은 모두 분단 중에 서독이 거둔 성과였다. 아울러 통일 독일은 1998년 월드컵에서 크로아티아에 0-3 패배를 당한 뒤, 대표팀 시스템의 개혁을 요구받는 상황이었다. 한편, 2000년 1월 1일 국적법이 개정되면서 독일에서 태어나면, 누구나 독일 국적을 받을 수 있게 되었다. 이에 따라 보아텡, 케디라, 외질 등 우수한 이민 2세 선수들이 등장했다. 개혁에 성공한 독일은 2014년 브라질 월드컵에서 드디어 통일 독일로 사상 첫 우승을 차지했다. 세계 최강의 자리를 되찾은 독일은 2018년 월드컵에서도 강력한 우승 후보로 꼽혔으나 한국에 예상 밖의 0-2 패배를 당하며 충격의 조별 리그 탈락을 겪었다.

6

세계 대회 타이틀

FIFA월드컵 우승 4회
올림픽 우승 1회(동독)
FIFA컨페더레이션스컵 우승 1회

3

대륙 대회 타이틀

UEFA유로 우승 3회

1990
서독
FIFA월드컵 우승

1954
서독
FIFA월드컵 우승

1974
서독
FIFA월드컵 우승

1974
동독
FIFA월드컵 6위

1996
서독
UEFA유로 우승

Germany

13번, 때로는 럭키 넘버

올림피아 슈타디온, 베를린(독일)
2012년 10월 16일
등번호 13을 단 토마스 뮐러는 2010년 남아공 월드컵에서 골든부트(득점왕)와 베스트 영 플레이어 상을 받았으며, 2014년 브라질 월드컵에서는 독일을 우승으로 이끈 골잡이다.

폴크스파르크슈타디온, 함부르크(독일)
1974년 6월 22일
경기 전, 동독의 베른트 브란슈와 악수하는 서독의 주장 프란츠 베켄바워. 이 경기는 두 독일이 맞붙었던 처음이자 마지막 공식전이었다.

선수는 누구나 자신의 경기 전날 습관이나 행동 패턴이 경기장에서 운과 이어진다고 믿는다. 예를 들면 등번호 13 유니폼을 입고 싶어 하는 선수는 드물다. 그리스도교에서 13이라는 숫자는 유다를 의미하기 때문이다. 예수를 배신한 유다는 최후의 만찬에서 13번째 자리에 앉았다. 하지만 국민의 3분의 2가 크리스천인 독일에서 등번호 13의 선수가 대단한 행운을 잡은 사례가 꽤 있었던 것은 신기한 일이다. 1954년 막스 몰록은 등번호 13을 달고 스위스 월드컵에서 5경기 5골을 기록했다. 그중 1골은 7월 4일에 열린 결승 헝가리전에서 기록한 만회골이었다. 이 경기에서 독일은 0-2로 뒤졌지만, 결국 3-2로 역전승했다.

1970년 월드컵에서는 게르트 뮐러가 역시 13번을 달고 6경기에서 10골을 넣었다. 4년 뒤인 1974년 7월 7일 '폭격기'라는 별명이 붙은 뮐러는 자국에서 개최된 월드컵 결승전에서 네덜란드를 상대로 결승골을 넣어 2-1로 독일에 우승컵을 선사했다. 이 결승골은 그에게 월드컵 통산 14골째이자 마지막 골이었다. 그때까지 프랑스의 쥬스트 퐁테뉴가 보유했던 월드컵 개인 최다 골 기록(13골)을 갈아치웠다. 뮐러의 이 기록은 브라질 호나우두가 2006년 월드컵에서 15골을 넣을 때까지 깨지지 않았다.

2002년 한일 월드컵에서 등번호 13은 미하엘 발락이었다. 8강 미국전과 4강 한국전에서 각각 한 골씩 넣었지만, 6월 30일 결승전에서 발락은 경고 누적으로 출장하지 못했고, 독일은 0-2로 브라질에 패했다.

2010년 월드컵에서 13번 유니폼을 입은 선수는 스무 살의 토마스 뮐러였다. 그는 대회 통산 5골을 넣어 비야, 스네이더르와 함께 공동 득점왕에 올랐으며 베스트 영 플레이어 상을 받았다. 2014년 브라질 월드컵에서도 득점 2위와 어시스트 공동 3위에 오르며 독일을 우승으로 이끌었다.

"축구는 단순한 게임이다.
22명이 90분간 공을 쫓다가 마지막엔
독일이 이기는 게임이다."

게리 리네커

과거 잉글랜드 대표팀의 주장. 1986년 월드컵 득점왕.
1990년 월드컵 준결승전에서 승부차기 끝에 독일에 패한 뒤 한 말.

올림피아 슈타디온,
뮌헨(독일)
1974년 7월 7일
월드컵 결승 네덜란드전, 결승골을 넣고 들어 올려진 게르트 뮐러

Argentina

아르헨티나

등번호 배정 관행의 균열

1986년 월드컵까지 아르헨티나 축구협회는 등번호를 선수의 성 알파벳순으로 다는 게 관행이었다. 단, 마라도나가 10번을 단 것은 예외였다.

드레싱룸에서 선수의 상하 관계와 선호도를 생각하면, 등번호 배정은 각국 축구협회에는 골치 아픈 문제다. 그런데 아르헨티나 축구협회(AFA)는 좋은 방법을 생각해냈다. 1974년, 1978년, 1982년 월드컵에서 선수의 성을 따라 알파벳순으로 등번호를 달기로 한 것이다. 예를 들어 등번호 1은 1978년에는 미드필더 노르베르트 알론소(애칭 베토), 1982년에는 오스발도 알디레스, 1986년에는 스트라이커 세르히오 알미론이 달았다. 골키퍼 우발도 피욜은 처음엔 12번이었고, 나중에 5번, 7번을 달았다. 오늘날 FIFA는 골키퍼가 등번호 1을 달도록 했다.

1982년 알파벳순이던 아르헨티나의 관행에 예외가 생겼다. 1974년에 13번이었던 마리오 켄페스는 1978년에 아르헨티나가 우승할 때 달았던 10번을 1982년에도 달 예정이었다. 원래라면 마라도나가 12번이 될 예정이었지만, 국민 영웅이 된 그가 10번을 쟁취했고 켄페스는 결국 11번을 받았다. 그리고 1986년 멕시코 월드컵에서 알파벳순 관행은 거의 무너졌다. 주장 다니엘 파사렐라가 소속팀에서 행운을 가져왔던 6번을 요구했고, 호르헤 발다노는 11번을 원했기 때문이다. AFA는 결국 두 손을 들었다. 하지만 만사가 잘 돌아갔다. 유니폼 색 때문에 '알비셀레스테(흰색과 하늘색)'이라고 불리는 아르헨티나 대표팀은 그 해, 월드컵 트로피를 다시 들어 올렸다.

5

세계 대회 타이틀

FIFA월드컵 우승 2회
FIFA컨페더레이션스컵 우승 1회
올림픽 우승 2회

14

대륙 대회 타이틀

코파아메리카 우승 14회

1986
FIFA월드컵 우승

1930
FIFA월드컵 준우승

1978
FIFA월드컵 우승

1994
마라도나가 국가대표팀에서 마지막 골을 넣었을 때 입은 유니폼

2006
메시가 FIFA월드컵에 처음 출전했을 때 입은 유니폼

Argentina

마라도나에서 메시로

그 순간, 함부르크의 월드컵 경기장에 모인 아르헨티나 응원단은 등번호 10번의 어린 선수 리오넬 메시로부터 눈을 뗐다. 2006년 월드컵 조별리그 첫 경기에서 메시는 코트디부아르를 상대로 기대한 만큼 잘했지만, 응원단의 눈은 또 한 명의 10번에게 일제히 쏠렸다. 카메라가 위대한 디에고 마라도나의 모습을 경기장의 대형 화면에 비추자 환호가 시작되고 좀처럼 끝나지 않았다.

"디에고! 디에고!"

순간, 경기는 뒷전이 되었다. 메시가 등장할 때까지 아르헨티나인들의 눈에 마라도나의 후계자로 어울리는 선수는 보이지 않았다. 1994년 6월 25일에 2-1로 나이지리아에 승리한 월드컵 경기를 끝으로 마라도나는 국가대표팀에서 은퇴했다. 그 뒤 7년 넘게 지난 2001년 11월 14일까지 아르헨티나 축구협회(AFA)는 마라도나의 등번호 10을 영구결번 했다.

2002년 월드컵 조직위원회와 합의한 후, AFA는 23명의 대표팀 선수에게 10번을 제외하고 등번호 1번부터 24번까지 배당했다. 그런데 FIFA는 이를 거부했다. 대회 규정 제26조 4항에서 선수는 1번부터 23번의 번호를 달게 되어 있기 때문이었다. FIFA의 제프 블라터 회장은 세 번째 골키퍼 로베르토 보나노가 10번을 달면 어떻겠냐고 제안했지만, 결국 아리엘 오르테가가 달게 되었다. 1998년 프랑스 월드컵에서 그가 이미 달았던 번호였기 때문이다. 이어서 파블로 아이마르, 후안 리켈메 순으로 10번을 달았지만, 이 '10번 문제'를 해결한 것은 2005년 8월 17일, 헝가리와 평가전에서 성인 대표팀에 데뷔한 메시의 등장이었다. 메시는 마리오 켐페스로부터 10번을 물려받은 마라도나가 자신의 후계자로서 인정한 유일한 선수였다.

아스테카 스타디움, 멕시코 시티(멕시코)
1986년 6월 22일
월드컵 준결승전, 디에고 마라도나는 잉글랜드 골키퍼 피터 실톤보다 높이 날아 그 유명한 '신의 손' 골을 넣었다.

PHILIPS

KOREA

대한민국

붉은 악마

1954년에 처음 월드컵 무대를 밟은 이후, 아시아 최다 월드컵 본선 진출 기록을 이어가고 있으며, 2002년 한일 월드컵에서 거둔 4강 성과는 한국인들 가슴에 강한 자부심으로 남아 있다.

한국 축구 대표팀엔 '붉은 악마'라는 별칭이 있다. 1983년 멕시코 세계청소년축구선수권대회에서 빨간 유니폼을 입고 4강 돌풍을 일으킨 한국 U-20 대표팀을 해외 언론들이 '붉은 악령(Red Furies)'이라고 불렀고, 이를 한국에서 번역하는 과정에서 'Red Devils'가 되었다. 당시의 쾌거를 계기로 붉은색 상·하의 유니폼은 한국 축구팀의 상징처럼 자리 잡아 현재까지도 맥을 유지하고 있다. 단, 1994년 미국 월드컵에선 붉은 유니폼이 아닌 하얀색(홈)과 파란색(어웨이) 유니폼을 입고 나왔다. 빨간색이 상대 팀의 투지를 유발한다는 이유에서였다. 1995년부터 다시 전통적인 팀 컬러인 빨강으로 돌아왔고, 2002년 한일 월드컵에서 그 누구도 예상하지 못했던 4강 돌풍을 일으키자 붉은 물결이 온 한국을 휩쓸었다.

한편, 2001년까지 유니폼 왼쪽 가슴에 태극기를 달고 뛰었으나 2002년부터 대한축구협회의 엠블럼으로 교체되었다. 엠블럼은 한국의 마스코트인 백호를 바탕으로 제작되었다.

0

세계 대회 타이틀

없음

2

대륙 대회 타이틀

아시안컵 우승 2회

2020
홈 유니폼
새 엠블럼 적용

1954
FIFA월드컵 첫 출전

1994
FIFA월드컵
(어웨이용)

2002
FIFA월드컵 4강

2010
FIFA월드컵 16강

Uruguay

우루과이

별 4개의 '셀레스테'

우루과이 대표의 애칭 '셀레스테'는 월드컵 트로피를 두 번밖에 들지 않았지만, 우루과이 사람들은 대표팀 유니폼에 별 4개가 붙은 것을 당연하게 여긴다.

축구계 관례로 별 하나는 월드컵 우승 1회를 뜻한다. 인구가 고작 350만 명 정도인 남미의 작은 나라 우루과이는 역사에 월드컵 2회 우승을 남겼다(1930년과 1950년). FIFA가 우루과이를 첫 월드컵(1930년) 개최지로 선택한 이유는 우루과이가 1924년과 1928년 올림픽을 연이어 제패했기 때문이다. 당시엔 올림픽이 유일한 국제 축구 대회였다. 그래서 우루과이 사람들은 월드컵을 4회 우승한 것과 마찬가지라고 여긴다. 1970년, 브라질이 처음으로 유니폼에 우승 횟수를 뜻하는 별을 단 이후, 우루과이도 2000년에 별 4개를 달았다. 그러나 FIFA는 2010년 4월 1일에 규정(제16조 4항)을 개정해서 각국 A대표팀은 월드컵 우승 시에만 유니폼에 별(★ 펜타그램)을 달 수 있으며, 그 위치는 유니폼 앞면 가슴 위치에 있는 협회 엠블럼 주변이라고 정했다. 그러나 우루과이는 별을 밖으로 빼지 않고, 아예 협회 엠블럼 안에 넣는 방식으로 이 규정을 피해갔다. 이리하여 '셀레스테'는 당분간 별 4개를 단 팀으로 남을 것 같다.

4

세계 대회 타이틀
FIFA월드컵 우승 2회
올림픽 우승 2회

15

대륙 대회 타이틀
코파아메리카 우승 15회

2011
코파아메리카 우승

1930
FIFA월드컵 우승

1950
FIFA월드컵 우승

1995
코파아메리카 우승

2002
FIFA월드컵 2무 1패

Uruguay

보이지 않는 남자 마스폴리

로케 가스톤 마스폴리는 2004년 2월 22일, 86세의 나이로 그의 인생처럼 조용히 세상을 떠났다. 우루과이 대표팀의 골키퍼였고, 우루과이 최고 명문 클럽 페냐롤의 감독으로서 명성을 떨쳤음에도 그는 몬테비데오의 누추한 집에서 가끔 전기도 안 들어오는 채로 지냈다. 돈은 거의 남아 있지 않았다. 하지만 그는 젊었을 적, 눈부시게 빛나던 때가 있었다. 1950년 7월 16일 히우지자네이루의 마라카낭 경기장에서 예상치 못한 월드컵 우승을 거뒀다.

우루과이의 결승 리그 마지막 경기에서 개최국 브라질은 비기기만 해도 월드컵 첫 우승을 차지 할 수 있었다. 1-2로 지고 있었던 브라질은 89분에 결정적인 동점 기회를 맞았다. 그러나 마스폴리가 아슬아슬하게 공을 쳐내는 바람에 브라질 사상 최악의 비극, 훗날 '마라카나수'로 알려진 비극이 닥친다. 슛이 막힌 브라질 스트라이커는 188cm의 장신인 마스폴리가 타이밍 좋게 골대로 손을 뻗는 장면을 보지 못했다. "왜 그런지 알아요?" 하고 마스폴리는 2002년 월드컵을 앞두고서야 비밀을 털어놨다.

"저는 절대로 밝은 색 유니폼을 입지 않았어요. 사람 눈길은 밝은 색에 가기 마련이거든요. 검은색이나 갈색을 입으면 상대 공격수는 제 움직임을 보기 어려워요. 저를 보면서 골문 위치를 가늠할 수도 없죠. 요즘 골키퍼들은 왜 형광색 유니폼을 입는지 모르겠어요. 선수 생활을 마치고 나니까 전 골문 앞에서 그랬던 것처럼 보이지 않는 남자가 되었더군요."

"검은색이나 갈색 유니폼을 입으면 상대 공격수가 날 잘 보지 못했다."

로케 가스톤 마스폴리

마라카낭 경기장, 히우지자네이루(브라질)
1950년 7월 16일
월드컵 결승 리그 마지막 경기, 브라질전에서 골문 위로 날아온 공을 쳐 내서 코너킥을 만드는 로케 가스톤 마스폴리.

France

프랑스

황금알을 낳는 닭

1998년 월드컵에서 사상 처음 우승한 프랑스. 2008년 2월 22일, 프랑스 축구 협회는 아디다스와 맺었던 파트너십을 종료하고 나이키와 역대 최고 금액으로 계약한다고 발표했다.

독일 스포츠용품 메이커, 아디다스는 1972년 이래, 닭을 상징하는 '르 블루' 유니폼을 프랑스 대표팀에 제공해왔다. 그러나 2004년, 연 1,000만 유로라는 고액으로 파트너십 계약 연장 교섭에 나섰지만, 경쟁사인 나이키의 1시즌 4,266만 유로에 미치지 못했다. 미국 포틀랜드에 본사를 둔 나이키의 계약 기간은 2011년 1월 1일부터 2018년까지 7년 반이었고, 총액은 3억2천만 유로에 달했다. 게다가 프랑스 전 연령별 대표팀의 용품 지원금 연 250만 유로, 성적에 따른 보너스까지 붙어 있었다. 2006년 4월, 나이키는 브라질 대표팀과도 2018년까지 920만 유로의 파격적인 조건으로 계약을 연장했다(보너스 제외). 또 하나의 독일 메이커 푸마는 이탈리아 대표팀이 4번째 월드컵 우승을 거두기 전인 2005년에 계약을 갱신했다. 그 계약은 2006년 12월에 만료될 예정이었지만, 2014년 월드컵 종료 시까지 연장되었고, 금액도 연 970만 유로에서 1,625만 유로로 올랐다(용품 지원금 150만 유로 포함). 이는 8년간 총액 1억 3천만 유로에 달하는 금액이었다. 아디다스는 프랑스 대표팀과 재계약에 실패했지만, 오랜 파트너 관계인 스페인과 아르헨티나 대표팀과는 재계약에 성공했다.

7

세계 대회 타이틀

FIFA월드컵 우승 2회
올림픽 우승 2회
FIFA컨페더레이션스컵 우승 2회
올림픽 우승 1회

2

대륙 대회 타이틀

UEFA유로 우승 2회

1998
FIFA월드컵 우승
(2018년에도 우승)

1904
첫 유니폼

1909~1914
흰 바탕에 하늘색 선을 넣은 유니폼

1958
FIFA월드컵

2000
UEFA유로 우승

France

파트릭 바티스통 28년 후

세비야 병원의 스페인인 의사, 로베리오 알리아스가 가도 된다고 했을 때, 파트릭 바티스통은 안심하며 기뻐했다. 그는 유니폼 상·하의와 스타킹을 의사에게 선물했다.

1982년 월드컵 준결승 후반 15분에 일어난 일이다. 프랑스 대표팀의 등번호 3이었던 바티스통은 서독의 골키퍼 하랄트 슈마허와 강하게 충돌하는 바람에 세비야의 홈구장, 산체스 피스후안의 잔디 위에 앞으로 쓰러졌다. 들것에 실려 나가는 동안, 친구이자 같은 소속팀(생테티엔) 동료인 미셸 플라티니가 손을 잡아줬지만, 바티스통은 정신이 없었다. 그는 회상한다.

"경기 중 저는 구급차에 실려서 나갈 수밖에 없었어요. 병원 의사가 괜찮다며 나을 수 있다고 하더군요. 그리고 '근사한 유니폼이네요'라고 했어요. 그날 밤 기억나는 건 그것뿐이에요."

바티스통은 이야기를 이어갔다.

"세월이 지나 어느 날 아침, 제 아들이 큰 상자를 받았습니다. 열어보고 놀랐어요. 제 유니폼이 액자에 넣어져 있더군요. 다시 못 볼 줄 알았거든요. 설마 누가 보관해뒀을 줄이야!"

로베리오 알리아스 의사가 당시 세비야 회장에게 선물한 것이다. 2008년 챔피언스리그 경기를 위해 플라티니가 세비야 홈구장에 왔을 때, 그는 구단 박물관에서 우연히 이 유니폼을 보고 감격했다. 그 모습을 본 세비야 회장은 그 자리에서 유니폼을 플라티니에게 선물했다. 그리고 바티스통의 장남이 세례받을 때 대부이기도 했던 플라티니는 그 유니폼을 바티스통 집으로 보냈다.

"28년이 지나서 유니폼이 돌아오다니 동화 같지 않나요?"라며 바티스통은 웃었다. 자기 집에서 추억이 담긴 유니폼을 볼 수 있어서 기뻤고, 지금은 아들 방 벽에 자랑스럽게 걸어 놨다고 한다.

p45
라몬 산체스 피스후안 경기장, 세비야(스페인)
1982년 7월 8일
월드컵 준결승전. 프랑스 수비수 파트릭 바티스통과 충돌하는 서독 골키퍼 하랄트 슈마허.

p47
스타드 벨로드롬, 마르세유(프랑스)
1984년 6월 23일
유로 대회 포르투갈전.
프랑스의 결승골을 넣고 환호하는 미셸 플라티니.

p48
스타드 드 루아 보드완, 브뤼셀 (벨기에)
16년 후 유로 대회 준결승 포르투갈전.
골든골이 된 페널티킥 골을 넣고 플라티니를 흉내 내는 지네딘 지단.

Gillette

10

Spain

스페인

하나의 색 아래에

지금은 하나가 되어 기계처럼 정교한 조직력으로 승리하는 스페인이지만, 과거엔 카스티야(마드리드)와 카탈루냐(바르셀로나)의 대립 탓에 잘 뭉치지 못했다.

스페인 축구는 위대한 선수를 배출해 왔다. 그중 하나가 알프레드 디 스테파노다. 그는 아르헨티나 출신이었지만, 선수 생활 대부분을 스페인에서 보냈고, 1957년과 1959년 발롱도르를 받았다. 그리고 1960년에는 순수 스페인 태생인 루이스 수아레스가 받았다. 그 뒤 오랜 기간 '라 로하(La Roja 빨간 선수들)' 스페인 대표팀은 지역색이 강한 스페인에서 뒷전으로 밀려나 있었다. 체제와 중앙 권력의 상징인 레알 마드리드와, 카탈루냐를 대표하고 서포터가 프랑코 장군(1939~1975년)을 적대시하는 바르셀로나의 대립으로 스페인인은 한데 잘 뭉치지 못했다. 그러나 마드리드 태생의 루이스 아라고네스가 2004년 대표팀 감독으로 선임되면서 기류가 바뀌었다. 아라고네스는 이니에스타와 차비를 필두로 황금세대 선수들을 기용했고, 승리라는 같은 목표를 향해 마드리드와 바르셀로나의 스타 선수들을 하나로 만들었다. 그리고 유로2008에서 우승한 뒤, 아라고네스는 전 레알마드리드 감독 비센테 델 보스케에게 자리를 물려줬다. 아라고네스가 이룩한 토대 위에 델 보스케는 스페인을 2010년 월드컵과 유로2012에서 우승시키며 더 큰 영광을 써나갔다. 이렇게 큰 국제 대회에서 연속 3회 우승한 나라는 처음이었다.

2

세계 대회 타이틀
FIFA월드컵 우승 1회
올림픽 우승 1회

3

대륙 대회 타이틀
UEFA유로 우승 3회

2012
UEFA유로 우승

1950
FIFA월드컵

1964
UEFA유로 우승

1984
UEFA유로 우승

2010
FIFA월드컵 우승

Spain

비야와 라모스, 퍼스트 네임으로

유럽 축구 연맹(Union of European Football Associations, UEFA)이 가맹 클럽에 선수의 이름과 등번호를 유니폼 뒷면에 넣도록 요구한 것은 1996-97 시즌이었다. 하지만 일부 선수는 성은 빼고 이름(퍼스트 네임)만 넣길 원했다. 스페인 역대 최다 득점 기록 보유자인 다비드 비야 산체스와 그의 대표팀 동료 세르히오 라모스 가르시아가 그랬다. 또한, 프랑스의 MF 라사나 디아라는 자신보다 3년 먼저(2006년) 레알마드리드에 온 말리의 마하마두 디아라와 구별하기 위해 짧게 '라스(Lass)'라고 썼다.

다른 표기 방식을 선택한 선수도 있었다. 1996-97시즌 UEFA의 규정이 결정되기 전, 1991년 발롱도르 수상자 장 피에르 파팽은 보르도의 유니폼 등번호(2+7=9) 위에 머리글자로 J.P.P라고 넣었다. 보르도의 메인스폰서였던 와이치가 과일 주스를 몇 팩 이상 사면, J.P.P 유니폼을 준다는 캠페인을 시작했지만, 프랑스 축구협회가 곧 제지했다.

다른 사례도 있다. 녹색 눈 때문에 '치차로(완두콩)'라는 별명으로 유명한 전 멕시코 대표(1983~1994년)의 아들 하비에르 에르난데스는 자신과 아버지를 구분짓기 위해 등에 '치차리토(Chicharito, 작은 완두콩)'라고 표기하기로 했다. 또, 우루과이의 세바스티앙 아부레우는 브라질 클럽 보타포구에 있을 때, 유니폼에 자기 취향대로 '엘 로코(El loco 미치광이)'라고 썼다. 그러나 2010년 월드컵에서는 카를로스 테베스가 보카주니어스와 코린치안스에서 자랑스럽게 달았던 '카를리토스(Carlitos, 카를로스의 애칭)'를 FIFA가 허용하지 않았다. 아구에로의 '쿤(Kun)'과 구티에레스의 '호나스(Jonas)'도 마찬가지였다. 도를 넘었다고 판단한 모양이다.

그린포인트 스타디움, 케이프타운 (남아프리카공화국)
2010년 6월 29일
포르투갈전에서 골을 넣고 팬들에게 답례하는 다비드 비야. 이 골로 스페인은 월드컵 8강에 올랐다.

p52-53
사커시티 스타디움, 요하네스버그 (남아프리카공화국)
2010년 7월 11일
안드레스 이니에스타가 네덜란드전에서 결승골을 넣어 스페인의 첫 우승을 결정지었다.

England

잉글랜드

장미를 가슴에

잉글랜드 유니폼에는 사자왕 리처드의 문장에서 따온 사자 세 마리와 15세기의 통일을 상징하는 튜더 로즈가 붙어 있다.

1966년 이후, 잉글랜드는 유니폼을 45회 이상 바꿨지만, 1872년 11월 30일, 스코틀랜드와 0-0으로 비긴 이후 잉글랜드 유니폼에는 사자왕 리처드 1세(1189~1199년 재임)의 문장이 들어갔다. 기사도와 충절의 대명사인 그의 문장은 세로로 늘어선 사자 세 마리였다. 잉글랜드 축구협회는 세계에서 가장 역사가 길다는 이유로 국명 없이 FA(Football Association, 1863년 창설)라고 자칭하는데, 사자 세 마리는 '십자군 원정 때 잉글랜드 왕의 군대가 내건 상징'이라고 한다.

1948년, FA는 크리켓 대표팀과 차별하기 위해 엠블럼에 장미를 넣었다. 이것이 '튜더 로즈'이다. 랭커스터 가(빨간 장미)와 요크 가(흰 장미) 사이에서 벌어진 장미 전쟁(1455~1485년)에서 랭커스터 가가 승리한 뒤, 랭커스터 가의 헨리 7세는 요크 가의 엘리자베스를 왕비로 맞아들여 튜더 왕조를 열었는데, 그때 양 가문의 붉은 장미와 흰 장미를 합해 만든 문장이 이 튜더 로즈이다. 럭비 잉글랜드 대표팀의 엠블럼은 장미가 하나이지만, 축구 대표팀은 10개이다. 이는 1949년 당시 FA 휘하에 있었던 리그 수를 의미한다.

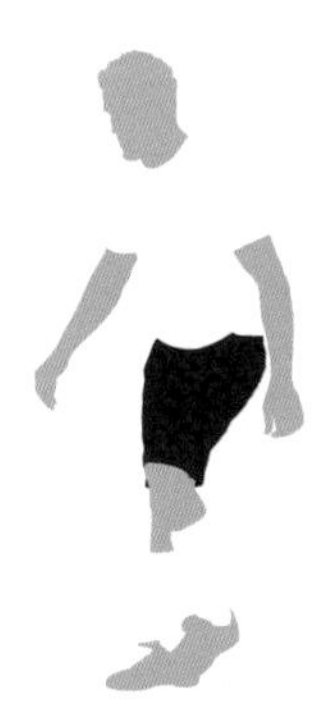

4

세계 대회 타이틀

FIFA월드컵 우승 1회
올림픽 우승 3회

0

대륙 대회 타이틀

없음

1966
FIFA월드컵 우승

1872
최초의 국제 축구 경기에서
입은 유니폼

1930
어웨이용. 이후 잉글랜드
어웨이 유니폼은 빨간색

1935
로열 블루 유니폼

2012
유로2012

England

굳건한 전통

잉글랜드는 전통을 지키는 나라. 그건 축구에도 해당한다. 대표팀 경기에서는 11명의 선발 선수가 1번부터 11번까지 등번호를 단다. 그래서 주전급 선수가 벤치 멤버가 되면, 보통 그가 단 10번은 선발로 뛰는 다른 선수 것이 된다.*

잉글랜드에서 처음 등번호가 채용된 것은 1928년 8월 25일. 아스널이 더 웬즈데이(현 셰필드 웬즈데이)와, 첼시가 스완지타운(현 스완지시티)와 경기할 때였다. 그러나 이 등번호 달기가 이어지진 못했다. 유니폼에 번호를 넣는 일이 비용이 들고, 멋지지도 않다는 반대 의견이 우세하자 리그 측이 유니폼에 등번호를 넣자는 제안을 거부한 것이다.

대표팀에서는 1937년 4월 1일 스코틀랜드전이 등번호를 단 최초의 경기였다. 당시 등번호는 선수의 포지션에 따라 할당되었다. 1번은 골키퍼, 2번은 오른쪽 사이드백……이라는 식이었으며, 당시 주류였던 2-3-5 포메이션을 기반으로 아래쪽에서 위로, 또 오른쪽에서 왼쪽 순서로 배정되었다. 그래서 마지막 11번은 윙어였다. 이후 리그도 1939년 6월 5일부터 이 방식을 채택했다. 하지만, 이 해에 제2차 세계대전이 발발했기 때문에 완전히 정착된 것은 1946년이었다. 유니폼에 선수의 이름을 넣은 것은 유로1992부터였다. UEFA가 유니폼의 필수요건으로 규정지었기 때문이다. 잉글랜드의 최상위 리그인 프리미어리그는 1993-94시즌부터 선수명과 등번호를 넣는 규정을 신설했다.

*그러나 잉글랜드도 이 방침을 고수하진 못했다. FIFA와 UEFA도 국제 경기의 토너먼트에서는 같은 선수가 같은 등번호를 달도록 요구했기 때문이다. 그러나 2014년 월드컵 예선에서 잉글랜드는 경기마다 등번호를 결정했다.

스타디오 올림피코, 로마(이탈리아)
1997년 10월 11일
1998년 월드컵 예선 이탈리아전에서 폴 잉스의 피에 물든 4번 유니폼은 잊을 수 없다. 오늘날 FIFA는 유니폼에 피가 묻었을 경우, 갈아입도록 규정하고 있다.

UMBRO
ENGLAND
4
4
ENGLAND

Mexico

멕시코

아스테카의 선조를 향한 경의

스페인의 침략으로 다수가 목숨을 잃었지만, 아스테카인들은 끝까지 살아남아 지금도 멕시코인들 마음속에 살아 있다. 선조의 창조 신화를 축구 협회의 엠블럼에 자랑스럽게 새겼다.

스페인의 침략자들은 아스테카인이라고 불렀지만, 그들은 자신들을 메시카(Mexica)라고 칭했다. 메시카의 전설에 따르면, 그들의 신 우이칠로포치틀리가 아스테카인들에게 명하길 자신이 선인장에 앉아 뱀을 먹고 있는 땅을 발견하면 그곳에 정착하라고 했다. 그 명을 따라 아스테카인들은 8개의 부족이 200년 동안 땅을 찾아 헤맸고, 어느 날 습지 안에서 예언의 땅을 발견하게 된다. 사람들은 1325년에 그 땅을 간척하여 테노치티틀란이라는 도시를 세웠다. 이곳이 훗날 텍사스부터 온두라스까지 확장되는 대제국의 수도가 된다.

1521년 8월 13일, 스페인인들에게 이 수도는 함락되었지만, 달라진 것은 없었다. 그들의 땅 위에 스페인풍 건축물이 세워졌어도 멕시코인 대다수는 신화를 잊지 않았다. 지금도 국기와 유니폼의 엠블럼에 이 신화의 그림이 들어갈 정도다. 멕시코 축구 대표팀은 '엘 트리(El Tri, 3색)'라고 불린다. 국기의 3색, 즉 희망을 나타내는 녹색, 순수함을 나타내는 흰색, 영웅의 피를 나타내는 빨간색과 연관된 애칭이다. 경기 전, 국가가 흐를 때, 멕시코 선수들은 모두 오른손을 엠블럼에 대고 손바닥은 아래를 향한 자세로 기원한다. 아스테카의 마법이 90분간의 싸움에서 행운을 가져다주기를.

2

세계 대회 타이틀

FIFA컨페더레이션스컵 우승 1회

올림픽 우승 1회

11

대륙 대회 타이틀

골드컵 우승 11회

2013
홈 유니폼

1930
FIFA월드컵에서 처음 입은 유니폼

1978
FIFA월드컵(어웨이용)

1994
FIFA월드컵

2006
FIFA월드컵

Mexico

컬러풀한 남자 캄포스

호르헤 캄포스는 대표팀에서 골문을 지키지 않을 땐, 클럽팀에서 골을 넣고 있었다. 데이터마다 숫자는 다르지만, 확실한 것은 캄포스가 16년 선수 생활 하는 동안 적어도 35번 골네트를 출렁였고 그중 14골은 단 1시즌(1989-90시즌)에 넣은 골이라고 한다.

날렵한 골키퍼로서 이름을 떨치기 전, 그는 고향(1966년 10월 15일생)인 아카풀코에서 스트라이커로 발군의 기량을 선보였다. 그러나 워낙 괴짜 같고 눈에 띄길 좋아하는 성격 덕에 그는 거기서 멈추지 않았다. 이 엘 트리(El Tri 멕시코의 3색 국기)의 전설적 골키퍼는 경기장에서 어떻게 하면 눈에 띌지 잘 알고 있었다. 그는 매번 독특한 유니폼을 입고 경기장에 나왔다. 출전했던 두 번의 월드컵 중 첫 번째인 1994년 미국 월드컵에서 캄포스는 야광 핑크, 그린, 옐로, 레드로 이루어진 유니폼을 입고 세계에 이름을 떨쳤다. 그리고 이 괴짜 멕시코 골키퍼는 직접 디자인한 유니폼을 늘 입고 나와 개성을 뽐냈다. 1991년부터 2004년 11월 10일까지 대표팀에 드나든 130명의 선수 중 캄포스는 역사상 가장 칼라풀한 골키퍼였을 뿐 아니라 멕시코 최고의 골키퍼로서 강한 인상을 남겼다.

화려한 유니폼을 입은 호르헤 캄포스. 직접 디자인한 이 유니폼들은 그의 트레이드 마크였다.

UMBRO
CAMPOS
1
NIKE

USSR

소련

소비에트 스타일

이젠 더 볼 수 없게 되었지만, 이 낫과 망치 문양이 들어간 유니폼은 소련 최고의 축구 선수들이 세계 무대에 나갈 때 입었던 것이었다.

키릴 문자로 '소비에트 사회주의 연방공화국'의 이니셜, CCCP가 표기된, 상징적인 붉은 유니폼은 1923년 8월 21일 스톡홀름에서 열린 스웨덴전에서 처음 선보였다. 오랜 기간 소련이 참가한 국제 대회는 올림픽이 유일했다. 1848년 런던 올림픽과 1984년 LA 올림픽은 보이콧했지만, 1956년과 1988년 올림픽에선 금메달을 따냈다. 소련이 월드컵 무대에 데뷔한 것은 1958년이었다.

축구는 소련의 정치적인 프로파간다로 이용되었지만, 올림픽 이외의 국제 대회는 유로1960 밖에 우승한 적이 없었다. 세 번의 유로에선 준우승(1964년, 1972년, 1988년)에 그쳤다. 소련의 유니폼이 마지막으로 모습을 드러낸 것은 1991년 11월 13일, 키프로스의 라르나카에서 키프로스 대표팀을 3-0으로 꺾었을 때였다. 1991년 12월 26일 소련이 해체되면서 15개의 국가 대표팀이 생겨났다. FIFA는 러시아를 소련의 후계국으로 인정하고, 러시아가 소련 대표팀의 성적과 기록을 이어받게 했다. 소련 대표팀 선수 대부분이 우크라이나, 조지아 등 14개 연방공화국 출신이었던 점을 생각하면, 기묘한 결정이었다.

2

세계 대회 타이틀
올림픽 우승 2회

1

대륙 대회 타이틀
UEFA유로 우승 1회

1960
UEFA유로 우승

1923
첫 유니폼

1966
FIFA월드컵

1988
UEFA유로 준우승

1991
마지막 공식 유니폼

USSR

명선수 제조공장 키예프

1998년, 황폐한 2층 건물이 해체되고, 호화로운 호텔이 세워졌다. 과거 소련 축구계의 보배가 이곳에 있었지만, 그 재능 넘치는 선수들은 놀랍게도 모스크바의 강팀 소속이 아니었다. 그들은 KGB의 전신 조직이 1927년에 설립한 디나모키예프의 훈련장, 콘차자스파의 비밀 장막 뒤에서 체계적인 육성 단계를 거쳐 등장했다.

키예프 근처의 유복한 지역에 있는 이 훈련장에서 '더 마스터'라고 불리며, 웃지 않기로 유명한 지도자 발레리 로바놉스키(1939~2000년)는 엄격한 규율로 수많은 명선수를 키워냈다. 다만, 골키퍼로선 유일하게 발롱도르(1963년)를 받은 레프 야신은 로바놉스키의 지도를 받지 않고 이 명예로운 상을 받은 소련 선수였다.

1973년부터 1990년까지 로바놉스키가 이끈 디나모키예프는 소련 축구계에 군림했다. 유럽 대회에서도 맹위를 떨치며, 1975년 5월 14일 유럽 위너스컵 결승에 올라 헝가리의 페렌츠바로시를 3-0으로 꺾고 트로피를 거머쥐었다. 1986년에도 같은 대회에서 우승했다. 이 무렵, 디나모키예프는 소련 대표팀에 다수의 선수를 보냈다. 로바놉스키는 그들과 함께 세 번이나 소련 대표팀 감독으로 좋은 시기를 보냈다. 로바놉스키가 디나모키예프의 지휘를 잡고 있는 동안, 올레흐 블로힌(1975년)과 이고리 벨라노프(1986년)가 발롱도르를 받았다. 1989년 11월 9일 베를린 장벽 붕괴 후, 로바놉스키는 또 한 사람의 발롱도르 수상자, 안드리 셉첸코를 손수 키워냈다. 그는 2004년 AC밀란 소속으로 이 영예로운 상을 받았다. 그 전년도에 셉첸코는 스승이 간절히 원했던 '빅이어' 챔피언스리그 트로피를 거머쥐었다.

왼쪽 위
레프 야신
(발롱도르를 받은 유일한 골키퍼)

오른쪽 위
올레흐 블로힌
(1975년 발롱도르 수상, 소련 선수로는 두 번째)

왼쪽 아래
이고리 벨라노프
(1986년 발롱도르 수상)

오른쪽 아래
안드리 셉첸코
(2004년 발롱도르 수상)

CCCP

CCCP

Cameroon

카메룬

민소매 유니폼

2002년과 2004년 '불굴의 사자'라고 알려진 카메룬 대표팀은 예상 밖의 유니폼으로 경기장에 등장했다. 하지만 이 소매 없는 유니폼은 FIFA와 마찰을 빚었다.

2000년 아디다스와 나이키의 경쟁 속으로 뛰어든 푸마는 몇 가지 혁신적인 축구 유니폼을 제작했다. 이탈리아 대표팀에는 플레이 중 셔츠를 잡아끌 수 없는, 피부에 딱 붙는 유니폼을 지급했다. 그리고 2002년 아프리카 네이션스컵에 참가하는 카메룬 대표팀용으론 소매 없는 유니폼을 디자인했다. FIFA는 FIFA 엠블럼을 부착할 위치가 마땅치 않다며 월드컵부터는 이 민소매 유니폼을 금지했다. 결국 푸마는 상의에 검은 소매를 붙였다.

다음 2004년 아프리카 네이션스컵에서 푸마는 또다시 카메룬 대표팀용으로 UniQT라는, 대담한 유니폼을 제작했다. 피부에 딱 붙는 원피스 형태의 유니폼이었다. FIFA는 8강전에서 이 유니폼 착용을 금지했고, 카메룬은 나이지리아에 져서 탈락했다.

같은 해 4월 16일, 카메룬은 벌금 12만8900유로를 부과 당했고, 2006년 월드컵 예선 승점 6을 감점당했다. 그러나 다음 달 FIFA가 처벌을 취소했다. 선수의 장비에 관한 FIFA 규정에 불확실한 부분이 발견되었기 때문이다. 그러나 유니폼을 둘러싼 소동은 이것이 마지막은 아닐 것이다. 2012년 7월 5일 FIFA는 아시아 축구 연맹의 이의 제기를 받고 여자 대회에서 히잡 착용을 허용했다.

1
세계 대회 타이틀
올림픽 우승 1회

5
대륙 대회 타이틀
아프리카 네이션스컵 우승 5회

2004
아프리카 네이션스컵에서 입은 UniQT 유니폼. 피부에 착 붙는 원피스 형태.

1982
FIFA월드컵에서 처음 입은 유니폼

1990
FIFA월드컵

2002
아프리카 네이션스컵, FIFA 월드컵

2013
홈 유니폼

Cameroon

로저 밀러, 아프리카의 모험

로저 밀러는 보통의 축구 선수가 아니다. 축구화를 신은 춤꾼이라고 할 수 있다. 그는 이를 1990년 월드컵에서 증명했다. 카메룬 대통령이 출전을 요청한 대회였다. 마보앙과 교체로 그라운드에 들어간 지 17분 만에, 이 연륜이 쌓인 불굴의 사자는 루마니아의 골키퍼 실비우 룽을 제치고 승리의 포효를 했다. 골을 넣은 밀러는 코너 플랫으로 달려가 왼손은 배에 대고 오른손은 하늘을 가리키며 몸을 흔들었다. 이 춤이 전 세계의 주목을 받았다.
"자연스럽게 나온 춤이었다. 미리 생각한 게 아니다"라고 밀러는 말했다.
"그건 카메룬의 춤 마코사가 아니다. 밀러의 춤이다! 카메룬의 여러 춤을 섞었다."
밀러는 축구의 골 장면에 새로운 유행을 만들었다. 이후 많은 선수가 그의 골 뒤풀이를 따라 했다.
밀러는 루마니아전 86분에 2-1 승리를 결정짓는 결승 골을 넣고 다시 코너 플랫으로 달려갔다. 그리고 16강 콜롬비아전에선 연장전에만 2골을 터뜨렸고, 그 골 덕에 카메룬은 아프리카팀으로는 최초로 8강에 진출했다. 8강에서 잉글랜드에 2-3으로 패했지만, 밀러는 팀의 2골을 어시스트했다.

> "이 유니폼을 입으면 나는 사자가 된다."
>
> 로저 밀러

불혹을 넘긴 밀러는 대통령과 동료들의 간곡한 요청으로 1994년 월드컵에도 출전한다. 6월 28일 러시아전에서 무페데와 교체로 들어가자 샌프란시스코 관중들은 모두 일어났다. 카메룬은 러시아에 1-6으로 졌지만, 밀러는 카메룬의 유일한 골을 넣고 7만5천 명의 관중 앞에서 춤을 선보였다. 그리고 나이 든 사자는 은퇴했다. 세 차례 월드컵에 출전한 최초의 아프리카 선수, 월드컵 최고령 득점자(42세)라는 기록을 남기며.

스타디오 산 파올로, 나폴리(이탈리아)
1990년 6월 23일
콜롬비아전에서 골을 넣고 춤추는 로저 밀러

Japan

일본

자칭 해가 뜨는 나라

오랜 기간 축구 약소국이었던 일본은 1998년이 되어서야 꿈에 그리던 월드컵에 나올 수 있었다. 오늘날 일본은 한국과 더불어 아시아 축구의 강호로 성장했다.

일본의 도상학에서 까마귀는 가족애를 나타내며 행운의 상징으로 알려져 있다. 사무라이의 승리를 예언하는 길조라는 얘기도 있다. 엠블럼 중앙의 빨간 줄 앞에 그려진 까마귀는 720년에 편찬된 일본서기에 등장한다. 일본축구협회는 엠블럼 중앙에 세 다리가 달린 까마귀(삼족오)를 배치하고, 한 발로 빨간 공을 잡고 있는 모습으로 디자인했다. 그러나 이 까마귀가 일본에 행운을 가져다주는 데는 꽤 시간이 걸렸다. 일본의 사상 첫 A매치였던 1917년 5월 9일 중국전, 10일 필리핀전에서 일본은 각각 0-5, 2-15로 패했다. '사무라이 블루' 유니폼은 1988년 아시안컵까지 국제 대회에 모습을 드러내지 못했다. 그러나 1993년 5월 15일 출범한 J리그가 눈부신 경력을 자랑하는 외국인 선수(베베투, 리네커, 스킬라치, 스토이치코프, 리트발스키 등)와 외국인 감독(벵거, 알디레스 등)을 데려오며 일본 축구를 발전시켰다.

1998년에 사상 첫 월드컵 본선 진출을 이룬 일본은 이후 연이어 월드컵에 나왔다. 코파아메리카에 여러 번 초청받았으며, 일본인 선수들도 유럽 무대에서 활약하고 있다. 여자 대표팀은 2011년 월드컵 결승에서 미국과 2-2로 비긴 뒤, 승부차기에서 꺾고 세계 챔피언이 되었다.

0

세계 대회 타이틀
없음

4

대륙 대회 타이틀
아시안컵 우승 4회

2011
아시안컵 우승

1956
올림픽

1992
아시안컵 첫 우승

1998
FIFA월드컵 첫 출전

2012
홈 유니폼

Japan

나카타의 전성시대

페루자의 레나토 쿠리 경기장으로 향하는 버스 행렬은 끝이 없어 보였다. 1999년 한 해에만 나카타 히데토시라는 새 제왕에 찬사를 보내기 위해 먼 일본에서 축구팬 3만 명이 페루자에 왔다. 유럽에 자신의 기량을 시험하러 온 일본인 선수는 이 갈색 머리 미드필더가 처음은 아니었다. 하지만, 선구자 오쿠데라 야스히코(1977~1986년 독일)도, 일본 선수 최초로 이탈리아 세리에A에서 뛰었던 미우라 카즈요시(1994년 제노아)도 나카타만큼 비즈니스 센스가 탁월하진 못했다. 나카타는 어린 시절, 수차례 방영되었던 애니메이션 〈캡틴 츠바사〉를 보고 축구에 흥미를 느꼈고, 자신의 매니지먼트사를 통해 만화, 일본 사케 브랜드, 게임 등에 자신의 초상권을 판매했다. 페루자는 1998년 나카타 히데토시를 영입하기 위해 벨마레히라츠카에 지급한 240만 유로가 아깝지 않았다. 페루자는 이 창의적인 미드필더를 2000년, 로마에 2,170만 유로에 팔았다. 로마는 이듬해 파르마에 3,050만 유로에 다시 팔았다. 당시 가장 비싼 몸값을 기록한 아시아 선수였던 나카타는 데이비드 베컴처럼 스포츠와 패션을 연결한 선수 중 하나였다. 나카타는 2006년 7월 3일, "새로운 자신을 찾는 여행을 떠나겠다"며 29세의 나이로 돌연 은퇴했다. 그러나 그의 비즈니스 센스는 바래지지 않았다.
2011년 3월 30일, 전 대만 여배우 화진진은 자선 경매 행사에서 나카타의 싸인 축구화를 낙찰받는 데 한화로 약 3억8천만 원을 썼다.

스타드 드 라 보주아르, 낭트(프랑스)
1998년 6월 20일
일본이 처음 출전한 월드컵에서 크로아티아를 상대로 뛰는 나카타. 일본은 3전 전패로 탈락했다.

asics
8
FILA

Netherlands

네덜란드

시계처럼 정교했던 조직력

토탈 풋볼의 발상지인 네덜란드는 월드컵 결승에 세 번 올라갔지만, 모두 졌다.

네덜란드 대표팀은 자부심을 품고 당당하게 그 상징적인 오렌지색 상의와 검은색 하의, 오렌지색 스타킹을 착용했다. 오렌지색과 검은색은 스페인에 대항하여 네덜란드의 독립을 주도했던 오라녜 공(公) 빌럼의 상징색으로부터 유래된 것이다. 네덜란드 축구 대표팀의 다른 애칭인 '시계 태엽 장치 오렌지'는 그 유니폼 색보다는 그들이 완성한 토탈 풋볼과 관련이 깊다. 그러나 '플라잉 더치맨'이라 불리는 그들의 계획은 시계 태엽 장치처럼 착착 맞아 들어가지 않았다. 1988년 6월 25일 소련을 2-0으로 꺾고 유로를 제패했지만, 월드컵에선 세 번이나 결승에 오르고도 모두 준우승에 그쳤다(1974년 개최국 서독에 1-2, 1978년 개최국 아르헨티나에 1-3, 2010년 스페인에 0-1 패배). 네덜란드보다 결승에서 패배를 많이 경험한 나라는 독일(서독 포함)이지만, 독일은 네 번이나 승리하고 우승했다. 월드컵 결승에 진출했던 팀은 많지만, 네덜란드는 헝가리, 체코슬로바키아, 스웨덴과 더불어 준우승만 했던 나라 중 하나다.

0

세계 대회 타이틀

없음

1

대륙 대회 타이틀

UEFA유로 우승 1회

2010
FIFA월드컵 준우승

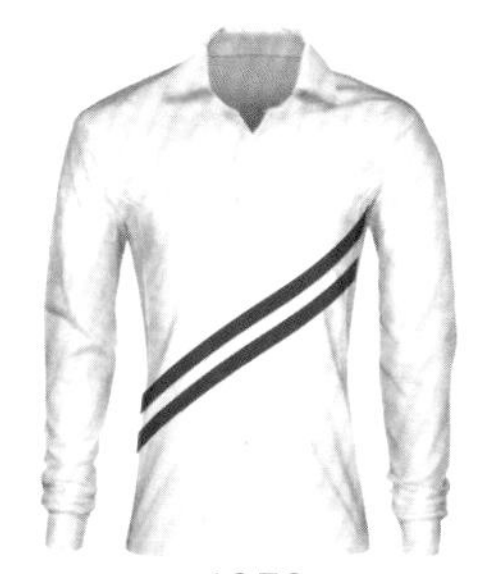

1950
첫 유니폼

1974
FIFA월드컵 준우승

1978
FIFA월드컵 준우승

1988
UEFA유로 우승

Netherlands

유니폼 도난 사건

요니 렙은 애가 탔다. 스포츠백을 뒤집어서 흔들어도 아끼는 조지 베스트의 유니폼이 나오지 않았다. "지도하던 아마추어 클럽에서 러닝 할 때 늘 그걸 입고 있었는데"라며 1974년, 1978년 월드컵 결승전에 출전했던 전 네덜란드 대표는 회상했다.

"그 유니폼은 1988년에 벨파스트에서 열린 조지 베스트의 은퇴 기념 경기에서 받은 겁니다. 당시 저는 유니폼에 집착하는 걸 좋아하지 않아서 대부분 남에게 줘버렸어요. 로슈토, 식스, 트레소르 같은 프랑스의 스타 선수 것뿐 아니라 마라도나의 유니폼조차도요."

렙은 마라도나의 유니폼을 받아도 별로 감동하지 않았던 이유를 말했다.

"저는 1974년과 1978년 월드컵 결승전에 뛰었으니까요. 아마 당시는 마라도나보다 제가 더 유명했을걸요."

그리고 1978년 월드컵 결승전과 같은 대진으로 스위스 베른에서 치른 친선 경기에 관해 말했다.

"19살짜리 마라도나가 저에게 와서 유니폼을 교환해달라고 했죠. OK 했지만, 사실 흥미가 없어서 나중에 친구에게 줘버렸어요."

하지만 조지 베스트의 유니폼은 네덜란드 대표팀에서 42경기 12골을 기록하고 아약스에서 골을 양산했던 렙에게 각별했다.

"그 유니폼만큼은 저에게 의미가 있었어요."

북아일랜드 대표이자 맨체스터유나이티드의 윙어였던 고 조지 베스트를 존경하는 렙은 이렇게 말했다.

"나중에 우리 팀의 어떤 선수가 훔쳐 갔다는 걸 알았어요."

렙은 이런 일을 겪은 뒤 훗날 유니폼을 대하는 마음이 바뀌었다.

"선수 생활 하는 동안, 수많은 유니폼을 받았지만, 하나도 제 수중에 남지 않았어요. 후회했죠. 2013년 바스티아(그가 속했던 프랑스 클럽)가 제 친구 클로드 파피(전 프랑스 대표)의 서거 30주년 기념 유니폼을 선물로 줬어요. 그런데 차로 귀가하는 도중에 강도를 만나서 빼앗겼죠."

그리고 쓴 웃음을 지었다.

"유니폼에 관해선 운이 없었다고 할 수 있죠."

니더작센슈타디온, 하노버(독일)
1974년 6월 15일
경기 종료 후, 요한 네스켄스 옆에서 만면에 웃음을 머금은 요니 렙(오른쪽). 1974년 월드컵 첫 상대였던 우루과이를 상대로 렙은 두 골을 넣어 2-0 승리를 이끌었다.

United States

미국

축구의 퍼스트레이디

미국에서는 여자 축구 대표팀이 다른 나라들보다 훨씬 높은 인기와 명성을 올리고 있었다. 여자 축구에서 미국은 월드컵에서 여러 차례 우승한 강호다.

북미 축구 리그(North American Soccer, NASL)가 무너진 뒤, 축구는 미국 땅에서 한 시대를 끝냈다. 하지만, 여자 축구의 성공과 1996년 새로 출범한 남자 프로 축구 리그(Major League Soccer, MLS)가 미국 축구의 생존과 성장을 도왔다. 1984년 NASL 종료 이후 미국 축구는 흥했고, 미국 스포츠의 중요한 일부가 되었다.
1985년 8월 18일 미국 여자 축구 대표팀이 첫 경기(이탈리아에 0-1 패)를 치른 지 6년 후, 골잡이 미셸 에이커스가 이끄는 미국팀은 중국에서 열린 1991년 여자 월드컵 개막전을 승리로 장식했다. 이후 미국 여자 대표팀은 FIFA 주관 대회에서 늘 우승권에 들었으며, 올림픽에서도 수차례 금메달을 따냈다. 1994년 미국 월드컵의 성공은 남자 프로 축구 리그인 MLS의 발족을 도왔고, 10개 팀으로 시작한 MLS는 현재 그 두 배가 넘는 팀이 참가하는 리그로 성장했다. 팬 서비스도 시간을 들여 착실히 확대하고 있으며, 세계적으로 관중 동원력이 높은 리그로 꼽히고 있다. 미국 여자 축구는 두 차례나 프로 리그가 실패하는 불행을 겪었지만, 2013년 봄, 미국 축구 연맹이 운영하는 세 번째 리그인 내셔널 위민스 사커 리그(NWSL)가 시작되었다. 새 비즈니스 모델 확립과 지속성이라는 목표를 가지고 미국 여자 축구의 발전을 꾀했다. 미국 여자 축구 대표팀이 세계 최강을 유지하고, 유니폼에 별을 늘리기를 기원하며.

8

세계 대회 타이틀
FIFA여자월드컵 우승 4회
올림픽 우승 4회

8

대륙 대회 타이틀
골드컵 우승 8회

2012
올림픽 우승

1991
첫 FIFA여자월드컵 우승

1996
첫 올림픽 우승

1999
FIFA월드컵 우승

2011
FIFA월드컵 준우승

Women's Football

여성의 아름다운 경기

여자는 남자와 똑같이 옛날부터 축구를 했고, 여자 경기도 남자 경기 버금갈 만큼, 관중을 불러모았다. 실제로 잉글랜드에서는 20세기 초에 여자 축구 인기가 높아서 그것이 여자 축구의 장래를 위태롭게 했다고 말하는 사람이 있을 정도였다. 여자 축구 역사에 큰 의미가 있는 경기가 있었다. 1920년 12월 26일, 구디슨 파크(에버튼의 홈구장)에서 열린 딕커레이디스의 경기에 5만3천 명의 관중이 운집했다. 팀 명칭은 제1차 세계대전 중 여성들이 일했던 탄약공장에서 유래된 이름이다. 기록에 따르면 더 많은 팬이 경기를 보려고 왔지만, 못 들어왔다고 한다. 그리고 1년도 되지 않아 여자팀은 FA가 관리하는 경기에 나올 수 없게 되었다. 일부 선수와 신문은 이 결정이 남자 경기에 관중을 집중시키려는 의도라고 주장했다.

이 출전 금지 조항은 1969년이 되어서야 사라졌다. 이 해, 동커스터로버스벨즈가 창단되었고, 여자 FA컵에서 6회 우승하며 잉글랜드 여자 축구의 최강팀으로 오랜 기간 군림하였다.

여자 축구는 20세기 후반, 미국, 스웨덴, 노르웨이, 덴마크, 아이슬란드에도 도입되었다. 미국 대학들은 여자 축구를 장려했고 1980년대에 만개했다. 노스캐롤라이나 대학팀이 전미 대학 스포츠 협회(NCAA)가 주관한 31개 대회 중 21개에서 우승했다.

1990년대 여자 축구를 상징하는 장면 중 하나는 미국 여자 대표팀 수비수 브랜디 채스틴이 1999년 여자 월드컵 결승에서 중국과 승부차기 끝에 우승한 뒤 남자선수처럼 유니폼 상의를 벗어 흔들며 환호하는 장면이다. 브랜디 채스틴은 타임, 뉴스위크, 스포츠일러스트레이트 등 유명 잡지의 표지를 장식하며 여자 축구를 전 세계에 각인시켰다.

미아 햄(왼쪽 위)
레오니 마이어(오른쪽 위)
아쉬레이 밀스(왼쪽 아래)
브랜디 채스틴(오른쪽 아래)

Yes!
Why Brandi Chastain and the U.S. Women's
Soccer Team Were Unbeatable
JULY 19, 1999
www.cnnsi.com

AC Milan

AC밀란

세계에서 가장 성공했던 축구팀

AC밀란을 파산에서 구해낸 지 21년, 구단주 실비오 베를루스코니는 2007년 큰 꿈이 이루어지는 순간을 지켜봤다. 세계에서 가장 많이 우승 트로피를 거머쥔 클럽이 된 것이다.

IL CLUB PLÙ TITOLATO AL MONDO(세계에서 가장 성공한 클럽). 2007년 12월 16일, 클럽 월드컵 결승 후, 이 6개의 단어가 유니폼의 엠블럼 아래에 금실로 수놓아졌다. AC밀란은 아르헨티나의 보카주니어스를 4-2로 꺾고 18번째 타이틀을 따냈다. 보카주니어스의 기록을 넘어 세계에서 가장 많이 국제 대회에서 우승한 클럽이 된 것이다. 1986년 2월 20일, 재정 위기에 빠진 구단을 사들인 실비오 베를루스코니의 오랜 꿈이 실현된 순간이기도 했다. 1899년 12월 16일, 영국인 10명과 이탈리아인 7명이 설립하고, 영국 부영사 허버트 킬핀이 초대 회장을 맡아 축구와 크리켓(1905년까지)을 겸했던 클럽으로선 재미있는 운명이다.

당시 영국 유행을 따라 구단은 로쏘네로(Rosso-레드, Nero-블랙), 즉, 빨간색과 검은색 줄무늬 유니폼을 채택했다. 빨간색은 악마, 검은색을 공포를 나타낸다고 한다. 그 뒤, 과거의 영광을 그리워하는 팀으로 떨어지긴 했지만, 전성기에는 세계에서 가장 성공한 클럽이었다.

18

국제 대회 타이틀

UEFA챔피언스리그 우승 7회
UEFA위너스컵 우승 2회
UEFA슈퍼컵 우승 5회
인터컨티넨탈컵 우승 3회
FIFA클럽월드컵 우승 1회

30

국내 대회 타이틀

세리에A 우승 18회
코파 이탈리아 5회
수페르코파 이탈리아나 우승 7회

1990
UEFA슈퍼컵 우승

1963
UEFA챔피언스리그 우승

1969
UEFA챔피언스리그 우승

2003
홈 유니폼

2007
UEFA챔피언스리그 우승

AC Milan

AC밀란

말디니의 이스탄불 악몽

우연히 벌어진 일이었다. 금방이라도 폭동이 나기 직전이었다. AC밀란의 서포터는 자기 팀 선수가 이스탄불 공항에 온 것을 목격한 순간, 선수를 공격하기 시작했다. 전날 밤(2005년 5월 25일) 챔피언스리그 결승 리버풀전에서 AC밀란은 3-0으로 이기다 3-3 동점을 허용했고 결국 승부차기에서 패배했다. 서포터들은 우상의 붕괴에 격렬한 분노를 쏟아냈다. 이때 파올로 말디니는 달아나는 팀 동료들을 따라가지 않고, 거기에 멈춰섰다. 가방을 내려놓고 격양된 서포터들을 향해 홀로 걸어갔다. 그리고 매서운 눈초리로 서포터들의 눈을 직시하며 말했다.
"당신들은 밀란을 수치스럽게 한다!"
몇 시간 전 리버풀을 상대로 선제골을 넣은 이 주장은 서포터들과 언쟁했고, 곧 그들을 잠잠하게 했다. 그러나 서포터들은 과거 주장과 달랐던 이날 말디니의 행동을 잊지 않았다.
마법 같은 힘을 지닌 밀란의 옛 주장 프랑코 바레시와 대조적으로 말디니는 열정적인 서포터 '울트라스'의 지지를 받은 적이 없다. 이탈리아 대표였던 그는 자기 팀 서포터나 일부 팬들의 폭력을 공공연하게 비난해왔기 때문이다. 4년 후, 울트라스는 보복한다. 산시로에서 열린 말디니의 마지막 홈 경기에서 울트라스는 말디니를 향해 휘파람을 불며 야유를 퍼붓고 비난 현수막을 내걸었다. 프로 선수의 모범이라고 할 수 있는 말디니는 25년 경력을 한 유니폼에 바쳤지만, AC밀란의 일부 서포터로부터 존중받지 못한 채 은퇴했다.

닛산 스타디움,
요코하마(일본)
2007년 12월 16일
AC밀란의 주장 파올로 말디니가 클럽월드컵 결승에서 보카주니어스를 꺾고 18번째 국제 대회 트로피를 거머쥐었다.

p86
산시로,
밀란(이탈리아)
AC밀란의 드림팀 시절. 왼쪽부터 세도르프, 인자기, 카카, 피를로, 암브로시니

902

말디니가 AC밀란 유니폼을 입은 횟수

Boca Juniors

보카주니어스

절반+1명

말똥을 재료로 쓴 벽돌 공장이 있는 지역에 산다는 이유로 로스 보스테로스(말똥 청소부)라고 불린 노동자들이 세운 구단. 아르헨티나 인구의 '절반+1명(LA MITAD MÁS UNO)'이 보카주니어스 팬이라는 얘기가 있다.

1905년 4월 3일, 이민자들이 부에노스아이레스에 축구팀을 만들었다. 항만 지구 '라 보카'라는 지역명에 축구 종주국 영국을 존중하는 의미로 영어 '주니어스'를 붙여서 팀명을 지었다. 첫 유니폼은 분홍색이었지만, 곧 가는 흑색과 백색의 줄무늬로 변경되었다. 그러나 흑백의 유니폼을 입고 자꾸 패하자, 어떤 사람이 다음에 우리 항구에 들어 올 선박의 국기 색상을 유니폼 색상으로 하자고 제안했다. 이후 항구에 들어온 배는 스웨덴 국적의 화물선이었다. 이리하여 스웨덴 국기의 노란색과 파란색이 긍지 높은 보카주니어스의 유니폼 색상이 되었다. 첫 유니폼엔 노란색 띠가 비스듬하게 들어가 있었지만, 1913년에 가로 줄무늬로 바뀌었다. 마우리시오 마크리가 1996년에 회장에 취임하면서 노란색 위아래로 하얀 선을 넣었는데, 마라도나는 그런 유니폼은 안 입겠다고 하다가 후에 마음을 바꿨다. 그리고 2004년, 로스 세네이세스(제노바 사람. 클럽을 세운 제노바 출신 이민자들에서 유래된 명칭으로 보카 지지자들의 애칭)는 코카콜라사에 보카 유니폼 앞면에 스폰서 로고를 넣고 싶으면 코카콜라 로고 색을 바꾸라고 했다. 코카콜라 로고의 빨간색과 하얀색은 보카의 영원한 라이벌, 리베르플레이트의 색이었기 때문이다. 우여곡절 끝에 보카주니어스의 홈구장 라 봄보네라는 세계에서 유일하게 코카콜라 로고가 하얀색으로 그려진 장소가 되었다.

18

국제 대회 타이틀

코파 리베르타도레스 우승 6회
수페르코파 리베르타도레스 우승 1회
레코파 수다메리카나 우승 4회
인터컨티넨탈컵 우승 3회
코파 수다메리카나 우승 2회 등

37

국내 대회 타이틀

프리메라 디비시온 우승 34회
코파 아르헨티나 우승 3회

2003
아르헨티나 1부 리그,
코파 리베르타도레스,
인터컨티넨탈컵 우승

1905
첫 유니폼

1907~1912
노란색 띠가 비스듬하게
들어간 파란 유니폼

1913
노란색이 가로로 들어간
파란 유니폼

1996
마라도나가 입은 마지막
유니폼

adidas

리켈메와 후계자 논쟁

후안 로만 리켈메는 2001년 11월 10일, 디에고 마라도나를 칭송하는 특별한 날에 팬들로부터 다시는 받을 수 없는 최고의 칭찬을 받았다. 라 봄보네라 구장에서 열린 마라도나 기념 경기를 마치고, 10번 선수가 아르헨티나 대표팀 유니폼을 벗자 보카의 유니폼이 드러났다. 그 유니폼에는 등번호 10과 마라도나가 자신의 후계자로 인정한 남자의 이름이 쓰여 있었다.

'리켈메'라고.

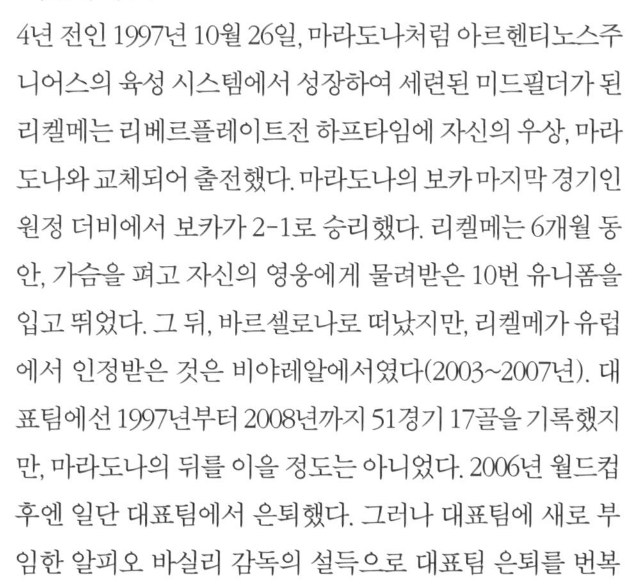

4년 전인 1997년 10월 26일, 마라도나처럼 아르헨티노스주니어스의 육성 시스템에서 성장하여 세련된 미드필더가 된 리켈메는 리베르플레이트전 하프타임에 자신의 우상, 마라도나와 교체되어 출전했다. 마라도나의 보카 마지막 경기인 원정 더비에서 보카가 2-1로 승리했다. 리켈메는 6개월 동안, 가슴을 펴고 자신의 영웅에게 물려받은 10번 유니폼을 입고 뛰었다. 그 뒤, 바르셀로나로 떠났지만, 리켈메가 유럽에서 인정받은 것은 비야레알에서였다(2003~2007년). 대표팀에선 1997년부터 2008년까지 51경기 17골을 기록했지만, 마라도나의 뒤를 이을 정도는 아니었다. 2006년 월드컵 후엔 일단 대표팀에서 은퇴했다. 그러나 대표팀에 새로 부임한 알피오 바실리 감독의 설득으로 대표팀 은퇴를 번복했다. 이후, 리켈메는 2007년 10월 13일, 칠레전에서 2골을 넣으며 2-0 승리를 이끌었다. 하지만, 바실리 감독의 후임자가 자신을 경시하자 격노하며 다시 대표팀 은퇴를 선언했다. 그를 화나게 한 것은 다름 아닌 마라도나였다! 2008년 10월 28일부터 2010년 월드컵까지 아르헨티나 감독을 맡은 마라도나는 대놓고 "리켈메는 스피드가 너무 없다"고 질타했다.

디에고 마라도나가 봄보네라 구장의 관중석 발코니에서 친정 팀, 보카를 응원하고 있다. 그는 1981~1982년, 1995~1997년에 보카에서 뛰었다.

리켈메는 '궁극의 10번'이라고 불리며 2011년 7월 2일, 봄보네라 구장에 그의 동상까지 세워졌다. 2008년, 리켈메는 서포터로부터 '보카 사상 최고의 인기 선수'로 선정되었다. 득표율은 33.37%, 마라도나는 26.42%였다. 이것이 마라도나에 대한 작은 복수가 되었을지도 모른다.

리베르플레이트의 주장, 마르셀로 갈라도와 겨루는 후안 리켈메. 2008년, 클럽의 팬들이 '보카 사상 최고의 인기 선수'로 선정하였다.

Cablevisión

1940년 5월 25일 개장한 보카주니어스의 홈구장은 네모난 형태와 가파른 스탠드 때문에 초콜릿 상자라는 뜻인 '라 봄보네라(La Bombonera)'로 널리 알려졌다.
1996년, 수용 인원을 57,395명으로 올렸지만, 실제 좌석 수는 37,538석이라 나머지 관중은 서서 봐야 한다. 하지만, 세계에서 가장 뜨겁고 정열적인 분위기를 자아낸다.

FC Barcelona

바르셀로나

클럽 그 이상

1899년에 창설된 FC바르셀로나는 수도를 연고지로 하는 영원의 라이벌, 레알 마드리드와 달리 스페인이면서도 깊게 각인된 카탈루냐의 혼을 계승하고 있다.

11명의 남자 중 카탈루냐인 6명, 영국인 2명, 스위스인 2명 그리고 독일인 1명. 1899년 10월 22일, 〈로스 데 포르테스〉 신문에 클럽의 창단 광고를 실은 그들은 자신들이 훗날 세계 최강이 될 구단을 만들었다는 사실을 알 리 없었다. 블라우그라나(Blaugrana 카탈루냐어로 파란색과 선홍색)로 된 팀 컬러는 이 해, 카타라전을 앞두고 채택되었다. 엠블럼은 1910년에서 2002년까지 약간의 변경만 있었을 뿐, 바르셀로나 시 깃발을 바탕으로 하고 있다. 카탈루냐 깃발 옆에 성 게오르기우스 십자가가 그려진 디자인이다.

바르셀로나는 지금까지 쭉 마드리드의 과도한 중앙집권주의에 반대하며, 카탈루냐의 강한 정체성을 알려 왔다. 1925년 6월 14일에는 스페인 국가 〈국왕행진곡〉이 나올 때 야유와 휘파람을 퍼부어서 6개월간 클럽이 폐쇄될 정도였다. 스페인 내전 발발 1개월 후인 1936년 8월 6일에는 공화당원이자 카탈루냐 독립주의자였던 바르사의 조셉 수뇰 회장이 블랑코 장군의 군에 체포되어 총살당했다.

오늘날 바르셀로나는 전통을 확실히 지키면서도 두려울 정도로 근대성을 보여주는 클럽으로 남아 있다.

20

국제 대회 타이틀

UEFA챔피언스리그 우승 5회
인터시티 페어스컵 우승 3회
UEFA위너스컵 우승 4회
UEFA슈퍼컵 우승 5회
FIFA클럽월드컵 우승 3회

69

국내 대회 타이틀

프리메라리가 우승 26회
코파 델레이 우승 30회
수페르코파 데 에스파냐 우승 13회

2011
UEFA챔피언스리그 우승

1903
첫 유니폼

1979
첫 유럽 대회 타이틀 획득
(위너스컵)

1992
첫 챔피언스리그 우승

1999
클럽 창설 100주년 기념
유니폼

FC Barcelona

유니폼 그 이상

바르셀로나의 블라우그라나 유니폼에는 2006년 9월까지 단 하나의 광고도 들어가지 않았다. 클럽이 탄생한 지 107년, 바르셀로나는 어린이를 돕는 UN 산하 국제구호단체인 유니세프와 윤리·인도 파트너십을 맺고 유니폼 앞면에 처음으로 유니세프 로고를 넣었다. 게다가 바르사가 UN의 프로그램에 연간 150만 달러를 기부하는 조건이었다. 이런 협정은 축구계에서 유례가 없는 것이었다. 그러다 바르셀로나 역사상 처음으로 계약금을 받고 유니폼에 스폰서 광고를 넣기로 했다. 카타르 스포츠 인베스트먼트(QSI)가 6년간 1억 7,000만 유로, 매 시즌 약 3,000만 유로를 제시해서 바르셀로나의 첫 공식 유니폼 스폰서가 되었다. 이 계약에는 스폰서가 광고 브랜드를 바꿀 수 있다는 조항이 있었다. 그래서 QSI는 2011년부터 2013년까지 유니폼에 카타르 파운데이션 로고를 넣다가 2013-14시즌부터는 카타르 항공 로고로 바꿨다. 2014년은 도하에 세계 2위 규모의 국제공항이 개항하는 해였기 때문이다.

이리하여 이 카탈루냐 클럽의 유니폼은 단순한 유니폼을 넘어서는 존재가 되었다. 전 세계에 3억 5,000만 명의 팬을 보유한 클럽의 상징이자 지구상에서 가장 많이 팔린 유니폼이다.

클럽이 탄생한 지 107년째인 2006년, 리오넬 메시가 속한 바르사는 드디어 유니폼에 로고를 넣었다.

p98
1957년에 개장한 캄노우는 유럽 최대의 경기장이다. 수용인원 9만 9,354명을 자랑한다.

unicef
10
5
4

Barça TV
NIKEFOOTBALL.COM
NIKEFOOTBALL.COM
Spanair
Spanair
Spanair

NIKEFOOTBALL.COM
NIKEFOOTBALL.COM
NIKEFOOTBALL.COM
SPORT
Spanair
Spanair
Spanair

Real Madrid

레알마드리드

왕좌의 길

FIFA로부터 2000년 '세기의 클럽'으로 선정된 레알마드리드는 1902년 3월 6일에 정식으로 창단했다. 그러나 처음엔 현재의 유명한 순백 유니폼이 아니었다.

초기 레알마드리드는 현재 클럽 엠블럼에 있는 것처럼 유니폼에 파란 빗금이 한 줄 들어갔다. 그런데, 런던의 클럽, 코린치안스의 우아한 백색 유니폼에 매료된 레알의 간부가 상·하의 흰색으로 바꾸기로 했다. 달걀 흰자위로 만든 요리, 메렝게를 떠올리게 한다고 '로스 메렌게스(Los Merengues)'라는 애칭도 유명해졌다. 그 뒤, 유니폼 가슴에는 클럽 엠블럼이 붙었다. '하얀 집(Casa blanca)'이라고 불리던 구단은 왕실의 비호를 받고, 1920년에 스페인어로 '왕실의'를 뜻하는 레알(Real)을 구단명에 넣을 수 있게 되었다. 정식 명칭은 레알마드리드 클루브 데 푸트볼(Real Madrid Club de Fútbol)로 결정되었다. 그리고 레알이란 칭호를 하사한 국왕 알폰소 13세의 왕관을 엠블럼 위에 추가했다. 그러나 이것은 1931년 스페인 제2공화국이 성립한 뒤, 카스티야 지방을 나타내는 파란 띠로 바뀌었다. 스페인 내전 종결 2년 뒤인 1941년, 구단은 왕관을 다시 넣었다. 하지만, 레알마드리드는 2012년, 왕관에서 십자가를 뺐다. 2015년에 클럽의 테마파크를 인공섬에 건설하기로 합의한 아랍에미리트를 자극하지 않기 위해서다.

26

국제 대회 타이틀

UEFA챔피언스리그 우승 13회
UEFA유로파리그 우승 2회
UEFA슈퍼컵 우승 4회
인터컨티넨탈컵 우승 3회
FIFA클럽월드컵 우승 4회

63

국내 대회 타이틀

프리메라리가 우승 33회
코파 델레이 우승 19회
수페르코파 데 에스파냐 우승 11회

2012
프리메라리가 우승

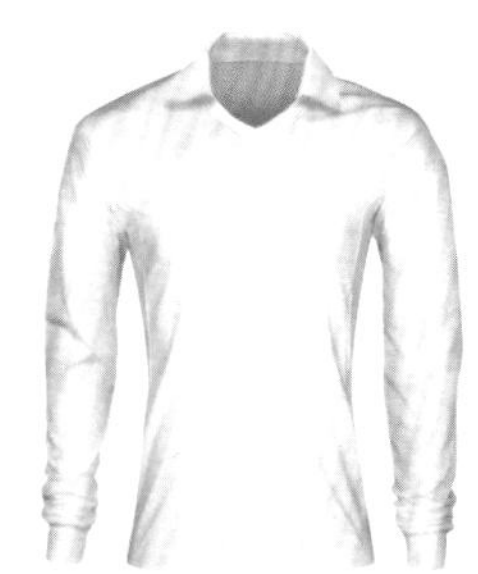

1933
프리메라리가 우승

1956~1960
UEFA챔피언스리그 5연패

1987
프리메라리가 우승
독수리 오형제(La Quinta del Buitre)* 시대

2000
UEFA챔피언스리그 우승

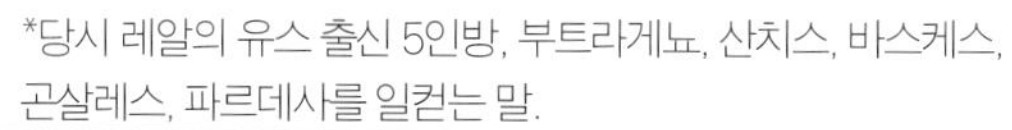
*당시 레알의 유스 출신 5인방, 부트라게뇨, 산치스, 바스케스, 곤살레스, 파르데사를 일컫는 말.

Real Madrid

지단, 5번을 10번으로

지네딘 지단은 펠레, 마라도나, 플라티니 등의 전설들처럼 위대한 10번으로서 축구사에 이름을 남길 수 있었다. 하지만, 그는 수많은 등번호 중 5번을 달고 경력을 마쳤다. 2001년에 마드리드에 왔을 때, 이 프랑스인이 10번을 요구할 순 없었다. 포르투갈의 공격형 MF 루이스 피구가 이미 달고 있었기 때문이다. 모리엔테스가 9번, 맥매너먼이 8번, 라울이 7번이었다. 그래서 지단은 할 수 없이 다른 번호를 찾았다. 보통은 수비수가 달았던 5번을 달기로 했다. 팀에서 그의 비중을 생각하면, 이례적이었지만, 이 등번호가 큰 성공을 가져왔기 때문에 지단은 2006년에 선수 생활을 마칠 때까지 이 번호를 달았다. 지금도 고향 마르세유 근방의 엑상프로방스에 있는 자신의 풋살 파크 Z5를 선전할 때 숫자 5를 이용하고 있다.
지단을 열렬히 존경한 브라질의 게임메이커, 카카는 2009년 레알마드리드로 오자 5번을 포기하고 8번을 달았다. 하지만, 지단은 엄밀히 말해 등번호를 꽤 바꿔온 선수였다. AS칸에서 데뷔할 때는 11번, 보드로에선 7번이었다. 10번은 네덜란드 MF 리샤르트 비츄가 차지하고 있었기 때문이다. 유벤투스와 계약했을 때는 몇 가지 이유로 21번을 택했다. 우선 7번은 디 리비오 것이었고, 10번은 델 피에로가 달고 있었다. 유벤투스에서 10번은 유벤티노(유벤투스 서포터)의 우상인 플라티니와 비교당하기 좋았기 때문에 같은 프랑스인인 지단은 21번을 선택했다. 프랑스 대표팀에서도 지단은 여러 등번호를 달았다. 예를 들어 대표팀 데뷔전이었던 체코전(1994년 8월 17일 2-2 무승부)에선 14번이었다. 하지만 등번호에 상관없이 그는 전통적인 10번의 역할, 즉 게임메이커를 맡았다. 지단은 그 포지션에서 높은 수준의 기술을 보여주며 전 세계를 사로잡았다.

지네딘 지단은 레알마드리드에서 5시즌(2001~2006년)을 보내고 은퇴했다.

p104-105
왼쪽부터 라울(주장), 베컴, 피구, 지단, 사무엘.
그들은 2004년부터 2005년까지 한 팀으로 활약했다.

23
10
5
RMCF

NIHAT
15

Ajax

아약스

그리스 기원의 토탈 풋볼

하얀 바탕에 빨간 세로줄이 들어간 아약스 유니폼은 과거 최고로 즐거웠던 축구 관전의 기억을 오늘날에도 떠오르게 한다.

아약스의 전설적인 역사는 1893년에 시작되었다. 어느 친목 모임에서 만든 '동맹'이 이듬해 FC아약스가 되었다. 그러나 구단의 공식 창립일은 1900년 3월 18일이다. 이날 아약스는 암스테르담 축구 연맹에 가입해서 동부에 있던 유대인 거주 구역 옆에 홈구장을 만들었다. 이후, 팀의 열광적인 서포터들은 자신들을 '요덴'(유대인을 뜻하는 네덜란드어)이라고 칭하기도 했지만, 사실 구단의 뿌리는 유대교가 아니라 그리스 신화에서 찾을 수 있다. 1928년 9월, 트로이 전쟁의 영웅, 아이아스의 얼굴을 구단의 엠블럼에 넣었기 때문이다.

라이벌인 PSV아인트호벤, 페예노르트와 차별하기 위해 아약스는 유니폼 색상을 몇 번 바꿨다. 처음엔 검은 바탕에 빨간 띠가 있었지만, 1911년 리그 첫 우승을 달성한 뒤, 홍백 줄무늬 유니폼으로 변경했다. 그 뒤, 하얀 유니폼 중앙에 빨간 세로줄을 넣는 것으로 또 바꿨다. 결국, 이 유니폼이 토탈 풋볼의 상징이 되었다. 명장 리누스 미헬스가 만들고, 슈테판 코바치가 이어받은, 매력적인 축구이다.

신화의 영웅, 아이아스의 얼굴은 1928년 9월 20일, 클럽의 엠블럼에 처음 등장했다. 그 뒤, 1991년에 길 산스 글꼴로 구단명이 들어갔고, 축구 선수 수인 11개의 선만으로 영웅의 옆얼굴을 그렸다.

11

국제 대회 타이틀

UEFA챔피언스리그 우승 4회
UEFA유로파리그 우승 1회
UEFA슈퍼컵 우승 3회
UEFA위너스컵 우승 1회
인터컨티넨탈컵 우승 2회

62

국내 대회 타이틀

에레디비시 1부 우승 34회
KNVB베커르 우승 19회
요한 크루이프 샬 우승 9회

1992
UEFA유로파리그 우승

1911
1부 리그 승격 당시의 유니폼

1971
UEFA챔피언스리그 우승

1995
UEFA챔피언스리그 우승

2010
에레디비시 1부 우승

Ajax

크루이프, 9번에서 14번으로

축구 사상 최고 선수 중 하나인 요한 크루이프는 그 재능만으로 유명해진 것이 아니다. 유니폼 등번호로도 눈에 띄었다. 어머니가 청소부로 일했던 도시에서 '암스테르담의 왕자'로 유명해진 크루이프는 등번호 9번을 달았지만, 1970년, 그때까지 후보 선수의 등번호였던 14번을 달고 나와 충격을 주었다. 그 이유는 무엇일까? 부상 중 그가 입었던 9번 유니폼을 게리 뮤렌에게 줬기 때문이다. 완전히 부상에서 회복한 크루이프는 조금 언짢아하긴 했지만, 굳이 9번을 돌려받지 않고, 14번을 선택했다.

하프타임에 흡연하기로 유명한 크루이프는 유니폼을 조금 변형해서 자신을 다른 선수보다 두드러져 보이게 했다. 당시 네덜란드 대표팀 유니폼은 아디다스사 제품으로 소매에 세 줄이 들어가 있었다. 그러나 그의 유니폼은 달랐다. 푸마사와 스폰서 계약을 맺고 있었기 때문에 '하늘을 나는 네덜란드인' 크루이프는 다른 브랜드를 입는 것을 거부하고, 두 줄밖에 들어가 있지 않은 유니폼을 입고 뛰었다.

크루이프는 1978년 아르헨티나 월드컵에 참가하지 않았다. 바르셀로나의 자택에서 괴한들에게 자신의 가족이 납치당할 뻔했기 때문이다. 충격이 컸던 가족을 두고 월드컵에 참가할 수 없었다고 그는 2008년이 되어서야 고백했다.

크루이프는 월드컵에 한 번 불참했지만, 발롱도르를 세 차례(1971, 1973, 1974)나 받으며 세계 축구사에 큰 족적을 남겼다. 그 뒤, 바르셀로나와 아약스 감독으로도 활약했던 크루이프는 폐암 투병 끝에 2016년, 68세의 나이로 세상을 떠났다.

암스테르담 아레나 (2017년에 요한 크루이프 아레나로 개칭), 암스테르담(네덜란드)
1978년 11월 7일
아약스 고별 경기에서 특별한 유니폼을 입은 요한 크루이프(오른쪽).

파르크슈타디온, 겔젠키르헨(독일)
1974년 6월 26일
'하늘을 나는 네덜란드인'이라는 칭호를 받은 크루이프는 1974년 월드컵에서 네덜란드 선수 중 혼자만 두 줄밖에 안 들어간 유니폼을 입었다(아래).

JOHAN CRUYFF
FAREWELL
7-11-78

Liverpool

리버풀

결코 혼자가 아니야

리버풀 서포터, 레드 아미의 일원이 된다는 것은 결코 혼자가 아니라는 보증을 얻는 것이다. 리버풀의 응원가이자 표어인 YOU'LL NEVER WALK ALONE이 뜻하는 바와 같이.

리버풀의 유니폼을 입은 선수는 자신의 등 뒤에 무거운 무언가가 있음을 깨닫는다. 선수는 헤이젤의 비극과 힐스버러 참사에서 나온 희생자의 기억을 존중해야 한다. 헤이젤의 비극은 1985년 5월 29일 서포터끼리 충돌로 경기장 펜스와 벽이 무너지면서 서포터 39명이 사망한 사건이다. 힐스버러 참사는 1989년 4월 15일, 입석에 정원보다 많은 관중을 들어오게 했다가 철망이 무너져서 96명의 서포터가 사망한 사건이다.
리버풀은 1896년에 이웃의 라이벌, 에버튼이 자랑하던 청색과 흰색의 팀 컬러를 버리고, 빨간 유니폼을 채택했다. 반은 가마우지, 반은 독수리인 상상 속의 새, 라이버버드는 리버풀 시의 상징이며, 1955년부터 유니폼에 들어갔다. 그 뒤, 1987년에 기장(記章)이 되었다. 엠블럼 양옆의 불꽃은 힐스버러의 희생자를 기린다. 1992년부터는 클럽의 모토, You'll Never Walk Alone(결코 혼자가 아니야)도 라이버버드 위에 표기되었다.

14

국제 대회 타이틀

UEFA챔피언스리그 우승 6회
UEFA유로파리그 우승 3회
UEFA슈퍼컵 우승 4회
FIFA클럽월드컵 우승 1회

48

국내 대회 타이틀

프리미어리그 우승 18회
FA컵 우승 7회
EFL컵 우승 8회
커뮤니티 실드 우승 15회

2005
UEFA챔피언스리그 우승

1892
첫 유니폼

1896
최초의 빨간 유니폼

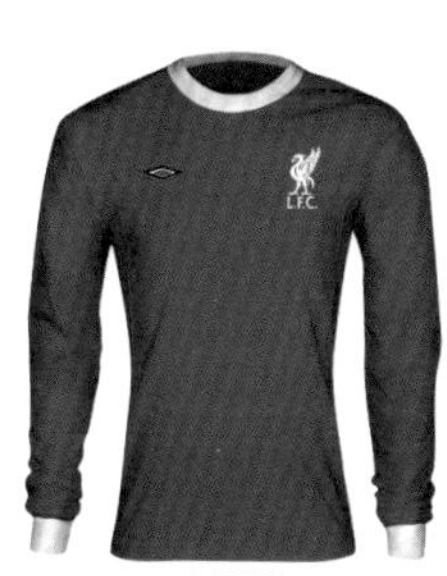

1973
UEFA유로파리그 우승

2013
홈 유니폼

Liverpool

승리의 붉은색

리버풀의 성공이 유니폼 색 덕분이라고 하면 어떻게 받아들일까. 많은 사람에게 이는 재미로 말하는, 단순 가설로 들리겠지만, 사실 잉글랜드 더럼 대학과 플리머스 대학의 과학자들이 2008년에 주장한 설이다. 2008년 3월 12일에 발표된 연구에 따르면, 우승 트로피의 대다수를 아스널, 맨체스터 유나이티드, 리버풀이 독식했던 것은 우연이 아니다. 이 팀들은 모두 붉은 유니폼을 입은 덕이라고 했다. 붉은 유니폼은 그 색이 일으키는 감각 반응 면에서 유리하다는 것이 연구로 판명되었다. 이 결론에 도달한 버튼 박사와 힐 박사는 홈 유니폼을 입은 홈 경기에 주목했다. 밝혀진 사실은 붉은 유니폼을 입은 팀은 다른 팀보다 승리할 확률이 높다는 점이었다. 버튼 박사는 이를 설명하면서 두 가지 가설을 제시했다. 하나는 서포터는 무의식적으로 붉은 유니폼을 입은 팀에 끌린다는 점, 또 하나는 붉은색이 심리적으로 유리하게 작용한다는 점이다. 그러나 이 연구에서는 리버풀, 아스널, 맨체스터유나이티드가 프리미어리그에서 고액의 예산을 쓰는 팀이라는 점을 계산에 넣지 않았다. 또, 엄청난 자금을 쏟아부은 파란색 첼시가 2005년부터 2017년까지 다섯 차례 리그 우승하고, 하늘색 맨체스터시티가 2012년부터 2019년까지 네 차례 우승한 것 역시 살펴볼 필요가 있다.

유니폼 색깔별, 잉글랜드 팀(1947~2003년)

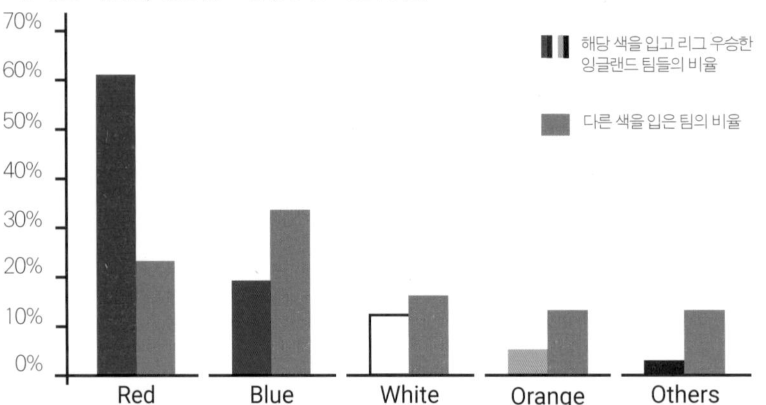

로버트 버튼과 러셀 힐, <잉글랜드 축구계에서 구단의 장기적 성공과 붉은 유니폼의 관계>로부터 발췌(2008년 3월).

아타튀르크 올림픽 스타디움, 이스탄불(터키)
2005년 5월 25일
챔피언스리그 결승에서 AC 밀란을 상대로 0-3으로 끌려가다가 승부차기 끝에 역전 승리한 뒤, 기뻐하는 리버풀의 주장, 스티븐 제라드.

p114-115
유명한 안필드의 KOP에서 팀을 칭송하는 리버풀 서포터들.

The Final 2005

WALK ALONE
LIVERPOOL FC
THIS IS ANFIELD
El Niño
LIVERPOOL
BY FAR THE
THE WORLD
WALK ON
WALK ON
WITH HOPE IN YOUR HEART
LIVERPOOL
WALK ALONE

YOU'LL NEVER WALK ALONE
18 92
L.F.C.
LIVERPOOL
LIVERPOOL
LIVERPOOL FC
LIVERPOOL FC
YOU'LL NEVER WALK
ALONE
LIVERPOOL
TIMES CHAMPIONS OF EUROPE
THE PRIDE OF MERSEYSIDE

Juventus

유벤투스

영국풍 패션의 귀부인

'귀부인' 유벤투스가 핑크 유니폼을 버리고 오늘날 전 세계에 알려진 흑백 줄무늬 유니폼을 입게 된 것은 잉글랜드에서 저지른 실수 덕분이다.

1897년 11월 1일, 학생 13명이 토리노의 벤치에 앉아서 종합 스포츠 클럽을 만들려고 궁리했다. 14~17살이었던 그들은 클럽을 '스포츠 클럽 유벤투스(유벤투스는 라틴어로 젊은이라는 뜻)'라고 이름 지었다. 축구 유니폼은 쉽게 구할 수가 없어서 처음에는 핑크 셔츠에 넥타이(때로는 나비넥타이)와 검은 골프 바지를 입고 뛰었다. 그러나 그 셔츠는 질이 떨어져서 금세 못 쓰게 되었다. 1903년, 그들은 잉글랜드의 클럽, 노팅엄포레스트에 붉은 유니폼을 보내 달라고 부탁했지만, 혼선이 있었는지 이탈리아에 온 것은 노츠카운티의 흑백 줄무늬 유니폼이었다. 그러나 유벤투스는 그 디자인을 공격적이고 힘차다고 봐서 이후 쭉 입고 뛰었다.

실제로 유벤투스는 강해졌다. 1923년 7월 24일, 자동차 회사 피아트의 창업자인 조반니 아넬리의 아들, 에도아르도가 클럽을 사들였다. 이후, 피에몬테 주의 상류층과 토리노에 본거지를 둔 피아트 공장의 남부 출신 노동자들이 연대해서 유벤투스를 '이탈리아의 연인(La Fidanzata d' Italia)'으로 격상시킬 수 있었다. 그리고 구단은 1945년에 '유벤투스 풋볼 클럽'으로 개명했다. 유벤투스는 잉글랜드와 특별한 관계임을 잊지 않았다. 2011년 새 경기장의 개장식에 노츠카운티FC를 초청했다. 상대는 잉글랜드 3부 리그 구단이었지만, 개장을 기념하기 위해 친선경기를 했다. 흑백 줄무늬 유니폼을 보내준 데 대한 감사의 표시였다.

10

국제 대회 타이틀

UEFA챔피언스리그 우승 2회
UEFA유로파리그 우승 3회
UEFA위너스컵 우승 1회
UEFA슈퍼컵 우승 2회
인터컨티넨탈컵 우승 2회

56

국내 대회 타이틀

세리에A 우승 35회
코파 이탈리아 우승 13회
수페르코파 이탈리아나 우승 8회

2003
UEFA챔피언스리그 준우승

1898
첫 유니폼

1930~1935
리그 5연패 달성
'황금의 5년' 시절 유니폼

1984
세리에A 및 UEFA위너스컵
우승

1996
UEFA챔피언스리그 우승

Juventus

모든 걸 다 준 플라티니

1987년 5월 17일, 유벤투스의 10번은 스타디오 코무날레에서 슬픔을 머금은 3만 명의 팬에게 작별을 고했다. 마지막으로 뛴 유벤투스 대 브레시아 경기는 3-2 승리로 좋은 추억이 되었지만, 그는 오랜 선수 경력 중에 입었던 유니폼을 하나도 갖고 있지 않다.

"유벤투스에서 마지막으로 입은 유니폼조차 없어요."라며 2007년 1월 26일에 UEFA 회장으로 당선된 그가 말했다.

"정말 한 벌도 안 남아 있어요. 모두 친구와 자선 단체에 줬어요. 조금은 돈이 되니까요. 젊었을 적에 제 유니폼을 원하는 많은 사람에게 선물했죠."

하지만, 플라티니는 다른 몇 가지 물건은 소중히 간직하고 있다.

"소장하고 있는 건 둥글고 입체적인 것들뿐이에요. 세 번 받은 발롱도르(1983~1985년) 트로피 중에 두 개라든가요. 하나는 아넬리 회장(플라티니가 유벤투스에서 뛸 때 구단주) 댁에 있습니다. 두 개는 우리 집에 있구요. 딸과 아들에게 하나씩. 하루는 아넬리 회장이 '이거 정말 금으로 된 거냐'고 묻더군요. 전 '진짜 금이라면 절대로 안 드리죠! 금박을 입힌 거예요'라고 답했어요. 그랬더니 회장이 백금으로 된 걸 주더군요. 제가 가진 것 중에 둥글지 않은 건 1992년 알베르빌 동계 올림픽 성화 토치뿐이에요. 아직도 가지고 있어요."

미셸 플라티니는 1982년부터 1987년까지 유벤투스 유니폼을 입고 뛰었다. 그를 이끌었던 조반니 트라파토니 감독은 이 프랑스 선수에 관해 이렇게 말했다.
"그는 천재다. 축구를 하기 위해 태어난 남자다."

p120-121
당시 유벤투스 사상 최다인 289골을 넣은 알레산드로 델 피에로(왼쪽)와 전설적인 골키퍼 잔루이지 부폰.

ARISTON
SELECT

BetClic
10

FIAT GROUP

Internazionale

인테르나치오날레

국제파의 견해

AC밀란이 외국 국적 선수의 출장을 거부하자 이에 반대한 사람들이 창설한 인테르나치오날레는 1, 2차 세계대전 동안, 이탈리아의 파시스트 정권에 고통을 당했다.

1908년 3월 9일, 리스토란테 오롤로지오에서 전 AC밀란 멤버가 설립한 인테르나치오날레(이하 인테르)는 창단 초기부터 외국 국적 선수도 뛸 수 있게 하려는 설립자의 요망이 담긴 명칭이었다. 그들이 AC밀란을 떠나 자신들의 구단을 만들려고 결심한 까닭은 밀란이 반대파 이탈리아 선수와 스위스 선수 44명의 출전을 거부했기 때문이다.

인테르는 1928년, 파란색과 검은색으로 된 팀 컬러를 잃는다. 파시스트 정권이 한 도시가 복수의 구단을 갖는 것을 금지했기 때문에 인테르는 밀라노 스포츠 연합과 강제로 합병되었고, 밀라노의 수호성인, 성 암브로즈를 받들어 '암브로시아나'라는 구단명으로 변경되었다. 인테르는 17년간 하얀 바탕에 빨간 십자가(밀란 시의 문장)를 들어간 유니폼을 입다가 1945년, 원래 이름과 팀 컬러로 돌아왔다. 그러나 당시의 하얀 유니폼이 다시 빛 볼 날이 왔다. 2007-08시즌, 인테르 창설 100주년을 기념하여 옛 유니폼을 입었다. 1967년에는 구단의 엠블럼 위에 별이 하나 들어갔다. 세리에A 우승을 10회 달성한 영광의 증표다. 2011년 5월, 축구계를 대표하는 이 유니폼은 우주로 간 최초의 축구 유니폼이 되었다. 우주비행사 파올로 네스폴리가 우주정거장 안에서 입고 있었던 것이다. 인터내셔널에서 인터플라넷이 된 셈인가…….

9

국제 대회 타이틀

UEFA챔피언스리그 우승 3회
UEFA유로파리그 우승 3회
인터컨티넨탈컵 우승 2회
FIFA클럽월드컵 우승 1회

30

국내 대회 타이틀

세리에A 우승 18회
코파 이탈리아 우승 7회
수페르코파 이탈리아나 우승 5회

2010
UEFA챔피언스리그,
코파 이탈리아,
세리에A 우승

1910
세리에A 우승

1928~1945
하얀 바탕에 십자가를 넣은
암브로시아나 유니폼

1965
UEFA챔피언스리그 우승

1998
UEFA챔피언스리그 우승

Internazionale

파케티, 영원한 3번

2004년에 구단 회장이 되기 전, '위대한 인테르(Grande Inter)'의 왼쪽 사이드백이었던 지아친토 파케티는 구단 역사에 큰 족적을 남긴 선수이다. 2006년 9월 4일, 그가 64세로 세상을 뜨자 그의 등번호 3은 인테르 최초로 영구결번이 되었다. 파케티가 죽기 전, 3번을 달았던 아르헨티나 수비수 니콜라스 부르디소는 16번을 대신 받았다.

다만, 결번이 꼭 영구적인 것은 아니다. 2003년 6월 26일 리옹에서 열린 컨페더레이션스컵 준결승, 카메룬 대 콜롬비아 경기 중 심장마비로 사망한 카메룬 선수, 마르크 비비앵 푀의 등번호 17번은 결번이 되었지만, 2008년에 다른 카메룬 선수에게 돌아갔다.

축구에서 영구결번이라는 영예는 전 세계에서 150명 정도만이 받았는데, 꼭 선수가 죽었을 때 결정되는 것은 아니다. AC밀란은 프랑코 바레시가 현역에서 은퇴했을 때 경의를 표하기 위해 그의 6번을 결번으로 했고, 파올로 말디니의 3번도 마찬가지였다. 장래, 말디니의 두 아들인 크리스천과 다니엘레만이 3번을 가져올 권리를 가지고 있다. 한편, 브라질의 산투스와 미국의 뉴욕코스모스는 펠레의 10번을, 나폴리와 브레시아는 마라도나와 바조의 10번을 결번으로 했다. 14번은 아약스에서 요한 크루이프의 60세 생일인 2007년 4월 25일까지 쓰이지 않았다. 레알마드리드와 유벤투스도 언젠가 호날두의 7번을 영구결번으로 할지도 모른다. 호날두는 자신의 번호를 'CR7'이라는 패션 브랜드로 키웠다.

전설적인 선수의 유니폼 번호를 결번으로 하는 관행은 미국 스포츠계에서 시작되었다. 최초의 영구결번은 1935년 미식축구 뉴욕자이언츠의 선수였던 레이 플래허티의 1번이었고, 가장 유명한 예는 농구계의 슈퍼스타 마이클 조단의 23번이다.

다른 예로 한국과 일본의 프로축구에서는 12번을 팀과 함께 싸우는 서포터의 의미로 해석하여 12번을 영구결번하는 팀도 있다고 한다.

지아친토 파케티(1971년)

Bayern Munich

바이에른뮌헨

체육관에서 할리우드로

체육 클럽에서 축구부가 분리되어 창설된 바이에른뮌헨은 내부에 문제가 다수 있었지만, 유럽에서 많은 팬을 보유한 강력한 팀 중 하나가 되었다.

1990년 2월 27일, 뮌헨의 체육 클럽 MTV1879에 소속된 축구부는 독일축구협회(DFB)에 가맹이 불가능해지자 그날 밤, 축구부 선수 11명이 MTV1879를 탈퇴하고 바이에른뮌헨을 창단했다. 그러나 1933년 나치가 정권을 잡자 발전하던 이 축구단은 암흑기를 맞는다. 회장과 감독이 유대인이라는 이유로 구단 간부들이 퇴출당했던 것이다. 나치는 바이에른뮌헨을 유대인 클럽이라고 조롱했으며 홈에서도 차가운 시선을 받고 싸웠다. 바이에른이 분데스리가 1부로 승격하는 일은 1965년까지 없었다. 분데스리가가 프로 리그로 출범한 지 2년 후에나 승격할 수 있었다. 수많은 가십거리를 양산하는 할리우드를 빗대 바이에른뮌헨에 'FC할리우드'라는 애칭이 붙기도 했지만, 이후 유럽에서 가장 존중받고 꾸준히 강한 모습을 보이는 팀으로 성장했다. 바이에른의 유니폼에는 별 4개가 자랑스럽게 빛나고 있다. 그리고 과거에 팀의 상징이었던 선수를 기념하기 위해 바이에른 명예의 전당이 신설되었다. 현재 독일 선수 14명 이외에 브라질 공격수 지오반니 에우베르, 프랑스 수비수 비센테 리사라수가 전당에 이름을 올리고 있다.

11

국제 대회 타이틀

UEFA챔피언스리그 우승 5회
UEFA유로파리그 우승 1회
UEFA위너스컵 우승 1회
UEFA슈퍼컵 우승 1회
인터컨티넨탈컵 우승 2회
FIFA클럽월드컵 우승 1회

63

국내 대회 타이틀

분데스리가 1부 우승 30회
DFB포칼 우승 19회
DFL리가포칼 우승 6회
DFL슈퍼컵 우승 8회

2013
분데스리가 1부 우승

1932
분데스리가 1부 우승

1967
UEFA위너스컵 우승

1974~1976
UEFA챔피언스리그 우승 2회

2001
UEFA챔피언스리그 우승

Bayern Munich

리사라수의 69번

1954년 월드컵 결승, FIFA는 선수 전원의 유니폼에 고정된 등번호를 달도록 규정했다. 그때까지 제일 큰 등번호는 11이었다. 1965년에는 대기 선수가 교체 출전할 때 11보다 큰 등번호가 보이기도 했지만, 경기 시작할 때는 거의 볼 수 없었다. 그러나 오늘날에는 다 바뀌었다. 프랑스 대표였던 비센테 리사라수가 2005년 1월부터 2006년 6월까지 현역 막바지에 입었던 유니폼이 좋은 예다. 그가 선택한 등번호는 69였다.

"평범하지 않은 번호라서 화제였고 웃음도 유발했죠"라고 리사라수는 회상했다.

"선수마다 행운을 가져다준다고 믿는 숫자가 있지요. 예를 들면 저의 럭키 넘버는 3이에요. 지금도 사인해줄 때는 작게 3을 추가해요. 하지만 제가 2004년에 바이에른에서 마르세유로 이적할 때, 브라질 센터백 루시우가 바이에른에서 3번을 차지했죠. 다시 제가 바이에른으로 돌아왔을 땐 할 수 없이 다른 번호를 생각했습니다. 남들이 재미있어하는 게 좋겠다 싶어 고른 게 69번이었어요. 제가 태어난 해이고, 키와 몸무게도 데뷔 당시 69였거든요. 당시엔 74kg로 찌긴 했지만요."

그는 웃으며 말했다.

"독일에서 이런 등번호를 다는 선수는 아무도 없었어요. 매출 면에선 신의 한 수였죠."

2010년 8월, 40 이상의 등번호 사용이 금지되었다.

알리안츠 아레나, 뮌헨(독일)
2006년 5월 13일
바이에른뮌헨의 6번째 분데스리가 1부 우승을 자축하는 프랑스 선수 비센테 리사라수.

p130
바이에른뮌헨의 팀 컬러인 빨간색으로 빛나는 알리안츠 아레나. 1860뮌헨 경기에선 조명이 파랗게, 독일 대표팀 경기에선 하얗게 바뀐다.

69

Allianz Arena

Santos

산투스

산투스의 전성기

펠레에서 네이마르까지 산투스는 오랜 기간, 시대를 상징하는 명선수들에게 무대를 제공해왔다. 그 업적을 평가받아 산투스는 2000년 12월에 열린 'FIFA 세기의 클럽' 투표에서 5위에 올랐다.

1912년 4월 14일 세 남자가 상파울루 주에 또 하나의 축구단을 만들기 위해 모였다. 그들은 자신들이 역사를 만든다는 사실을 알 리 없었다. 이 운명의 날에 설립된 산투스 푸테볼 클럽(Santos Futebol Clube)은 경기에서 마법을 부리는 펠레, 호비뉴, 네이마르 등의 선수를 배출했다.

창설자가 가장 먼저 한 일은 새로운 구단의 유니폼 색을 정하는 것이었다. 처음엔 흰색, 청색, 금색 줄무늬였는데, 복잡해서 제작 시간이 오래 걸린다는 점을 깨닫고 1913년 3월 31일부터는 유벤투스처럼 흑백 줄무늬로 바꿨다. 하지만, 오랜 기간을 거쳐 흰색 유니폼에 정착했다. 2012년에는 구단 창설 100주년을 기념해서 파란 서드 유니폼을 입은 적이 있다.

산투스는 브라질 경제의 심장부인 상파울루 시와 가깝고 브라질 최대의 항구가 있는 도시다. 그래서 창설자들은 고래를 마스코트로 삼았다. 고래는 엠블럼에 들어가 있진 않지만, 펠레가 뛰던 시절의 산투스는 '페이세(Peixe 물고기)'라고도 불렸다.

8

국제 대회 타이틀

코파 리베르타도레스 우승 3회
수페르코파 리베르타도레스 우승 1회
레코파 수다메리카나 우승 1회
인터컨티넨탈컵 우승 2회
코파 CONMEBOL 우승 1회

34

국내 대회 타이틀

브라질 전국 리그 우승 8회
상파울루 주 리그 우승 20회
코파 두 브라질 우승 1회
히우 상파울루 토너먼트 우승 5회

2011
코파 리베르타도레스 우승

1912
첫 유니폼

1935
상파울루 주 리그 첫 우승

1963
코파 리베르타도레스 우승

2012
어웨이 유니폼

Santos

네이마르, 호마리우를 향한 경의

1992년 2월 5일, 상파울루 주에서 태어난 네이마르 다 시우바 산투스 주니오르, 짧게 네이마르라는 이름이 더 유명한 그는 브라질 축구계의 스타가 되었다. 이 모히칸 헤어의 신동은 2013년 바르셀로나로 이적하며, 엄청난 이적료를 기록했고, 2017년에 다시 파리생제르맹으로 이적하며 그 시점의 역대 최고 이적료 기록을 새로 썼다.

그러나 네이마르에 관해 잘 알려지지 않은 이야기가 있다. 그의 유니폼 등번호다. 네이마르는 2010년 1월부터 6월까지 산투스에서 함께 뛰었던 호비뉴의 등번호 7을 달았지만, 이후 11번으로 정착했다. 그는 이렇게 되돌아본다.

"어느 날, 정말로 좋아하는 번호가 뭐냐고 묻길래 11번이라고 말했더니 받을 수 있었어요. 저는 호마리우를 존경했거든요. 그가 11번이었죠. 그때부터 11번을 전보다 소중히 여기면서 뛰었습니다."

2013년 6월 3일, 5700만 유로라는 막대한 금액으로 산투스에서 바르셀로나로 이적을 완료한 뒤, 등번호 11을 단다고 발표한 것은 놀라운 일이 아니었다. 다만, 예외도 있었다. 산투스 창설 100주년 기념 경기이자 네이마르의 101번째 출전 경기였던 파우메이라스전에서는 등번호 100을 달고 뛰었다. 경기 후에는 유니폼을 경매해서 수익을 소아암 자선단체에 기부했다. 더 이례적이었던 것은 2010년 10월, 코리치안스전에서 달고 뛴 등번호 360이다. 산투스의 스폰서 중 하나인 CSU카드시스템이 C360 시스템을 홍보하기 위해 네이마르를 움직이는 광고판으로 활용한 것이다. 물론 다음 경기부터는 원래 등번호인 11로 돌아갔다.

브라질의 천재 공격수, 네이마르는 산투스의 육성 시스템을 거쳐 세계적인 대스타가 되었다.

BMG
11
CSU
NETSHOES

FC Porto

포르투

살아있는 전설, 드래곤

포르투갈에서 가장 큰 구단인 포르투는 상대에게 위압감을 주기 위해 홈 경기장에 전설 속 드래곤의 이름을 붙였다.

이스타디우 두 드라강의 엠블럼

1893년 9월 28일 창설된 푸트볼 클루브 두 포르투(Futebol Clube do Porto)는 1904년, 포르투갈 최고의 성공을 거둔 구단으로 올라섰다. 청색과 백색의 팀 컬러는 강한 국민 의식의 종합 스포츠 클럽을 지향한다는, 창설자들의 열정으로 선택되었다. 창설자들은 포르투갈 왕실의 국기로부터 이 색을 가져왔다고 한다.

오리지널 엠블럼은 구단명의 이니셜인 FCP가 들어간 파란 공이었는데, 1922년, 구단과 시의 강한 유대 관계를 상징하고자 포르투 시의 문장이 추가되었다. 그 위에는 성에 자리잡은 드래곤을 그려 넣어 침략자로부터 시와 구단을 지킨다는 의미를 담았다. 드래곤의 전설은 어떤 세력에도 굴하지 않는 포르투 시민의 강한 의지를 대대로 전해왔다. 그리고 이 심볼은 널리 퍼져서 2003년 11월 16일 개장한 포르투의 새 홈구장을 이스타디우 두 드라강(용의 구장)로 명명하기에 이른다. 이 드래곤은 이후, 포르투가 국내뿐 아니라 유럽 무대에서 위용을 떨치게 했다.

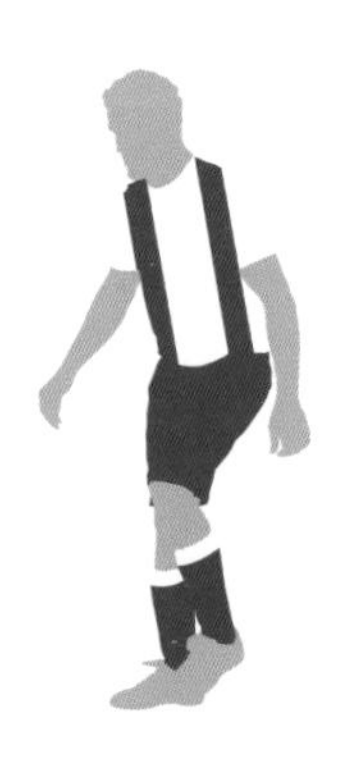

7

국제 대회 타이틀

UEFA챔피언스리그 우승 2회
UEFA유로파리그 우승 2회
UEFA슈퍼컵 우승 1회
인터컨티넨탈컵 우승 2회

65

국내 대회 타이틀

프리메이라리가 우승 28회
타사 드 포르투갈 우승 16회
수페르타사 우승 21회

2004
UEFA챔피언스리그 우승

1935
포르투갈 리그 첫 우승

1987
UEFA챔피언스리그,
인터컨티넨탈컵,
UEFA슈퍼컵 우승

2002
홈 유니폼

2011
프리메이라리가,
타사 드 포르투갈,
UEFA유로파리그 우승

FC Porto

입은 적 없는 유니폼

영입 선수가 포르투의 새 유니폼을 손에 들고 포즈를 취해도 본경기에서 거의, 또는 한 번도 못 입고 이적하는 일은 비일비재하다. 이는 다른 나라와 달리 임대 선수 수에 제한이 없는 포르투갈의 규정 때문이었다. 그래서 포르투도 라이벌 벤피카와 마찬가지로 1억 유로의 예산(당시 포르투갈에선 최대 규모)을 써서 최대한 많은 선수를 모았다. 당연히 영입한 모든 선수가 경기에 나갈 수는 없었다.

2005년, 포르투는 83명의 선수를 등록했지만, 이후 60명 전후까지 줄였다. 이 구조 조정으로 포르투는 부족한 국내TV 중계권료를 보충해서 유럽 무대에서 싸울 수 있게 되었다.

포르투는 젊은 선수, 특히 남미 유망주에 투자를 잘하기로 정평이 나 있으며, 그 목적은 선수를 팔아 높은 수익을 올리는 것이다. 그래서 포르투는 이적료의 일부를 수수료 명목으로 에이전트에게 주면서 긴밀한 관계를 쌓아 왔다. 에이전트들은 포르투를 이상적인 쇼윈도로 보고, 소속 선수가 유럽에 오면 우선 포르투에서 뛰게 했다. 이 방식으로 포르투는 과거 몇 시즌 동안 20명 이상의 선수를 1인당 1,000만 유로 이상에 팔았다.

포르투에 입이 다물어지지 않을 정도의 고액을 벌어다 준 선수는 브라질 공격수 헐크다. 그는 2012년 9월 3일, 제니트상트페테르부르크로 6,000만 유로에 이적했다. 또, 콜롬비아 공격수 팔카우는 2011년 8월 18일, 4,700만 유로에 아틀레티코마드리드로 이적했다. 2년 전, 리베르플레이트에서 550만 유로에 사 온 선수를 몇 배를 받고 판 것이다. 이 두 슈퍼스타만큼은 실제로 포르투 유니폼을 입고 활약했다.

콜롬비아 공격수 팔카우가 브라질 공격수 헐크 등에 타고 기뻐하는 모습.
이 역동적인 콤비는 많은 골을 넣었을 뿐 아니라 2011년과 2012년에 합계 1억 700만 유로라는 고액을 포르투에 안겨줬다.

meo
tmn
tmn

Manchester United

맨체스터유나이티드

품격 있는 레드 데빌즈

영국 축구 사상 최다 트로피 수를 들어 올린 맨체스터유나이티드는 비즈니스 면에서도 뛰어난 기업이다. 전 세계 축구단 가운데 최고의 수입을 올리며 부유한 구단으로 자리매김하고 있으며, 유니폼 스폰서 계약 역시 늘 엄청난 금액을 기록한다.

1978년, 랭커스터 & 요크 철도의 노동자가 창설한 구단은 처음엔 녹색과 금색으로 된 유니폼이었으나 1902년, 빨간 상의와 하얀 하의로 변경했다. 같은 해, 구단 명칭도 뉴턴히스LYR FC에서 맨체스터유나이티드FC로 바뀠다. 애칭인 레드 데빌즈가 쓰이게 된 것은 먼 훗날이었다. 근처의 럭비팀 샐퍼드가 1930년대 프랑스 대회에서 이 애칭을 쓰는 것을 당시 감독이었던 맷 버스비가 듣고, 애칭의 위압감이 '버스비의 아이들(Busby Babes)'이라 알려진 자신의 선수들에게 어울린다며 쓰기 시작했다. 이리하여 1967년부터 삼지창을 든 붉은 악마가 엠블럼 가운데서 이쪽을 바라보게 되었다.

이 엠블럼의 가치는 뛰어올랐다. 자동차 메이커 제너럴모터스는 2014-15시즌부터 7시즌 동안 4억 1,500만 유로에 유니폼 스폰서를 맡기로 합의했다. 이 유명한 유니폼의 자사의 브랜드 로고를 넣기 위함이다. 하지만 서포터들은 클럽의 뿌리를 잊지 않았다. 2010년, 웸블리 스타디움에서 열린 컬링컵 결승, 아스톤빌라전에 녹색과 금색으로 된 유니폼을 입은 관중이 몇만 명이나 들어왔다. 그들은 팀을 응원하면서도 티켓값 인상과 구단의 전반적인 운영에 불만을 품고 창단 당시의 유니폼을 입고 온 것이다. 유니폼 색의 힘을 완벽하게 드러낸 사건이었다.

9

국제 대회 타이틀

UEFA챔피언스리그 우승 3회
UEFA위너스컵 우승 1회
UEFA유로파리그 우승 1회
UEFA슈퍼컵 우승 1회
인터컨티넨탈컵 우승 2회
FIFA클럽월드컵 우승 1회

58

국내 대회 타이틀

프리미어리그 우승 20회
FA컵 우승 12회
EFL컵 우승 5회
커뮤니티실드 우승 21회

2008
UEFA챔피언스리그 우승

1902
첫 붉은 유니폼

1968
UEFA챔피언스리그 우승

1999
UEFA챔피언스리그 우승

2013
프리미어리그 우승

MARADONA GOOD PELÉ BETTER GEORGE BEST

베컴은 왼발을 못 쓰고 헤딩도 태클도 못 해. 골 수도 부족하지. 나머지는 최고인데 말이야.

내가 못생긴 얼굴로 태어났다면 사람들은 펠레의 이름을 듣지 못했을 거야.

1969년 새해 결심으로 여자와 술을 끊었어. 그게 인생 최악의 20분이었지.

" 술, 여자, 차에는 돈을 막 썼어. 나머지 돈은 어디에 쓰는지도 모르겠어. "

등번호 7의 전설

모든 것은 1961년에 시작되었다. 스카우트인 밥 비숍이 재능 있는 15살 소년을 발굴한 것이다. 소년의 이름은 조지 베스트. 구단이 계약을 결정하는 데는 오래 걸리지 않았다. 그가 단 한 번 연습해서 보여주면 끝이었다. 7년 뒤, 그는 여섯 개의 트로피를 들어 올렸고 1968년 발롱도르를 수상하며 등번호 7번의 전설을 알렸다. 베스트라는 현상은 축구의 틀에서만 머물지 않았다. 천재 윙어였던 그는 경기장 안에서 무엇이든 할 수 있었고, 경기장 밖에서도 사상 유례없이 락스타 같은 인기를 누리는 축구 선수였다. 그러나 기행을 일삼다 1974년, 팀에서 방출당하자 알코올 중독에 빠졌고, 재정적으로도 파탄이 났다. 결국, 병으로 2005년 향년 59세에 영원히 잠들었다. 마라도나의 우상이었던 베스트를 위해 그의 고향인 북아일랜드 벨퍼스트에는 애도 행렬이 이어졌으며, 잉글랜드에서 열린 모든 경기에서는 1분간의 애도 묵념이 행해졌다.

그의 사후, 1981년부터 1994년까지 브라이언 롭슨이 7번을 이어받았다. 그리고 프랑스에선 온 무서운 아이, 에릭 칸토나가 7번의 전설을 부활시켰다. 팬 투표에서 구단 사상 최고 선수에 선정된 그가 돌연 은퇴한 뒤, 데이비드 베컴이 7번을 물려받았다. 2003년에는 베컴이 다시 크리스티아누 호날두에게 7번을 물려주었다. 호날두가 2009년, 레알마드리드로 이적하자 2001년 발롱도르 수상자 마이클 오언이 7번을 달았고, 그 뒤에도 발렌시아, 디마리아, 데파이, 산체스 등이 계승했지만, 선배들만큼 성공하진 못했다. 맨체스터유나이티드의 팬들은 새로운 조지 베스트가 7번의 빛나는 전설을 되살려주기를 고대하고 있다.

UMBRO
UMBRO

캄노우 경기장,
바르셀로나(스페인)
1999년 5월 26일
솔샤르의 기적적인 역전골이 나온다. 레드데빌즈는 챔피언스리그 결승전에서 91분까지 바이에른뮌헨에 0-1로 지고 있었지만, 추가시간 두 골로 역전 우승했다.

18
Big Mac

River Plate

리베르플레이트

벼랑 끝에서 살아 돌아온 백만장자

2011년, 리베르플레이트에 생각지도 못한 일이 일어났다. 1901년 5월 25일에 창단되어 전통적으로 부에노스아이레스의 중산층과 부유층에게 지지받던 구단이 사상 처음으로 강등된 것이다.

1940년대에 붙은 '라 마키나(La Máquina 기관차)'라는 애칭처럼 아르헨티나 리그 선두를 달려온 리베르플레이트는 2011년 6월 26일 최악의 탈선을 겪었다. 1909년 5월 2일, 승강 플레이오프에서 0-2, 1-1을 기록하며 강등이 결정된 것이다. 홈 경기에서 원정 패배를 만회하고자 했지만, 90분을 다 치르지도 못했다. 경기 종료 전에 리베르의 서포터들이 엘 모누멘탈 구장의 그라운드로 난입했기 때문이다. 경기장이 크게 파손되고 89명이 다쳤으며, 50명 넘게 체포되었다.

그러나 일단 흥분이 가라앉자 리베르플레이트의 팬들은 팀을 상징하는 빨간 사선 무늬 유니폼에 애정을 보여줬다(빨간 사선 무늬는 제노아 출신의 창설자가 1905년 카니발에서 유니폼을 화려하게 하려고 넣었다고 한다). 로스 미요나리오스(Los Millonarios 백만장자들, 리베르의 애칭)를 응원하기 위해 엄청난 수의 서포터들이 2부 리그 경기를 보러 갔다. 이 뜨거운 충성심은 2012년 6월 23일에 보답을 받는다. 전 프랑스 대표팀의 스트라이커, 다비드 트레제게의 2골로 리베르는 알미란테브라운을 2-0으로 꺾고 아르헨티나 1부 리그인 프리메라 디비시온으로 복귀했다.

7

국제 대회 타이틀

코파 리베르타도레스 우승 4회
인터컨티넨탈컵 우승 1회
수페르코파 리베르타도레스 우승 1회
코파 인테라메리카나 우승 1회

39

국내 대회 타이틀

프르메라 디비시온 우승 36회
코파 아르헨티나 우승 3회

1986
코파 리베르타도레스 우승

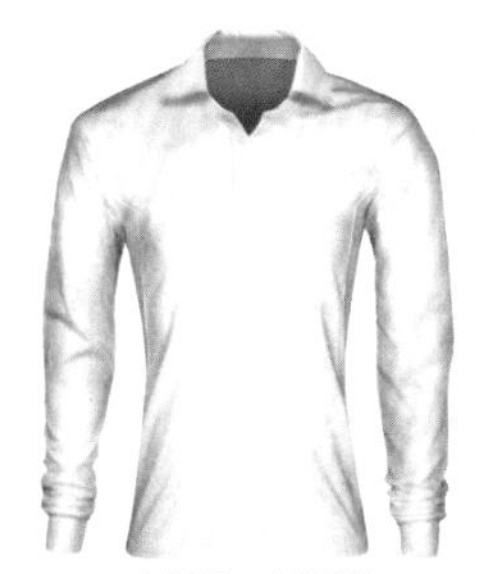

1901~1905
첫 유니폼

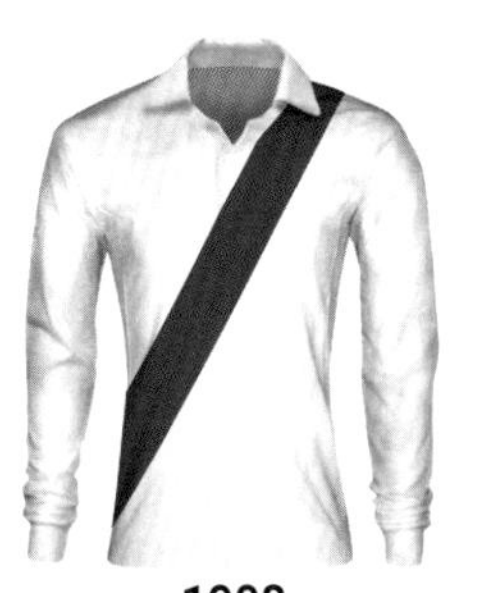

1908
1부 리그(아마추어 리그 시대) 승격 당시 유니폼

1920
1부 리그 첫 우승

2012
어웨이 유니폼

adidas

River Plate

암탉과 사자

마치 이솝 우화 같다. 리베르플레이트의 간부들은 1966년 코파 리베르타도레스 결승전에서 우루과이의 명문 팀 페냐롤에 뜻밖의 2-4 패배를 당한 뒤, 라이벌 팬들에게 라스 갈리나스(Las Gallínas, 암탉)라고 조롱받자 불쾌해했다. 이 패배 이후, 국내 리그에서 반필드의 서포터들이 빨간 띠를 단 암탉을 경기장에 풀어놓자 이 불명예스러운 별명이 정착되어 버렸다.
1986년 당시의 클럽 회장 우고 산틸리(1983~1989 재임)는 이 건을 해결하기로 했다. 아르헨티나의 유명한 풍자 화가 카로이가 그린 사자 로고를 유니폼 가슴에 넣기로 한 것이다. 하는 김에 유니폼의 빨간 사선 띠도 없앴다. 그러자 리베르의 서포터 사이에서 논란이 일었다. 어디서나 볼 수 있는 흔한 유니폼이 되었다고 서포터들이 강하게 반발한 것이다. 하지만 재밌게도 리베르가 사상 최고 성적을 거둔 때가 이 유니폼을 입은 시기였다. 아르헨티나 1부 리그에서 13번째 우승, 코파 리베르타도레스 첫 우승, 인터컨티넨탈컵 우승, 코파 인테라메리카나 우승. 이 모두가 단 2년 안에 이룬 성과였다. 결국 산틸리의 뒤를 이어 1989년부터 1997년까지 회장을 맡은 알프레드 다비체가 사자 로고를 삭제하고 빨간 사선 띠를 부활시켰다. 그 뒤 리베르는 다음 국제 대회에서 우승을 거두기까지 10년이나 기다려야 했다. 이 이야기의 교훈은 닭으로 있기보다 용감해지라는 것일까.

에스타디오 모누멘탈, 부에노스아이레스 (아르헨티나)
2012년 6월 23일
알미란테브라운전에서 프랑스 공격수 다비드 트레제게의 활약으로 리베르플레이트는 강등 1년 만에 프리메라 디비시온으로 복귀했다.

Chelsea

첼시

연금생활자가 챔피언이 되기까지

잉글랜드에서 오랜 기간 무시당해왔던 첼시. 1952년, 팀의 별명이 펜셔너즈(THE PENSIONERS, 연금생활자)에서 블루스(THE BLUES)로 바뀐 뒤, 세계적인 강팀 중 하나가 되었다.

1904년, 개발업자가 스탠퍼드 브리지 구장을 야심만만하게 리뉴얼했지만, 지역 축구단인 풀럼이 이곳을 홈구장으로 쓰길 거부하자 난처해졌다. 홈팀이 필요했던 업자는 이웃의 지역명을 붙여서 1905년 3월 10일 첼시FC를 창단한다. 유니폼은 당시 회장 카도간이 강한 일체감을 나타내는 색이라며 멜론색을 선정했다. 그러나 1912년 팀 컬러는 로열 블루로 바뀌었다. 한편, 구단의 엠블럼은 일곱 번이나 변경되었다. 원래 첼시 펜셔너(노인 요양 시설인 왕립 첼시 병원에 입소한 퇴역 영국 군인을 뜻함)가 그려져 있었지만, 1952년, 펜셔너가 블루스로 바뀔 때 그 그림도 삭제되었다. 1년 뒤 첼시 특별구의 문장과 카도간의 문장에 더해 구 첼시 귀족의 문장에서 가져온 사자를 유니폼에 넣었다. 1986년부터 2005년까지는 리얼한 사자 모습이었지만, 2003년 7월 2일, 러시아의 대부호 로만 아브라모비치가 첼시를 사들인 뒤, 2005년 창단 100주년을 기념해서 전통적인 사자 모습으로 돌아갔다. 과거와 장밋빛 미래의 상징으로서.

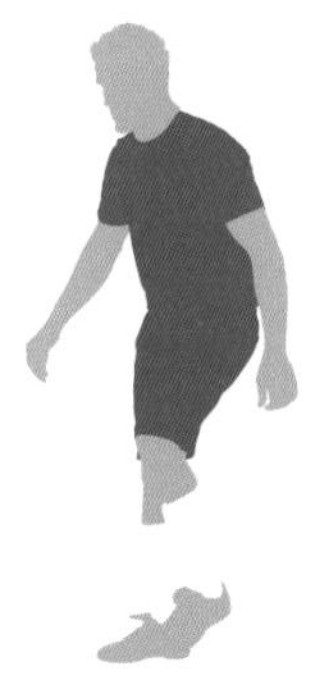

6

국제 대회 타이틀

UEFA챔피언스리그 우승 1회
UEFA위너스컵 우승 2회
UEFA유로파리그 우승 2회
UEFA슈퍼컵 우승 1회

23

국내 대회 타이틀

프리미어리그 우승 6회
FA컵 우승 8회
EFL컵 우승 5회
커뮤니티실드 우승 4회

2012
UEFA챔피언스리그 우승

1905
첫 유니폼

1955
프리미어리그 첫 우승

1971
유럽 대회 첫 우승
(UEFA위너스컵)

1998
UEFA위너스컵 우승

Chelsea

드록바, 한 사람의 블루스 팬

스탠퍼드 브리지의 남쪽 응원석, 일명 셰드 엔드(Shed End)라고 알려진, 이 역사적인 벽면에는 디디에 드록바의 거대한 초상화가 내려다보고 있다. 블루스 최대의 위업인 챔피언스리그 우승을 달성했던 알리안츠 아레나 구장에서 그림 속의 드록바는 첼시 로고에 키스하고 있다. 2012년 5월 19일 이 전설적인 트로피인 빅 이어(Big Ears, 큰 귀. 트로피의 손잡이가 큰 귀처럼 생겨서)를 홀로 첼시 서포터에게 전달한 선수는 바로 드록바였다. 그는 결승 바이에른뮌헨전에서 88분에 헤딩 동점골을 넣고 승부차기에서 마지막 패널티킥을 차 넣었다. 이 코트디부아르인은 초상화를 통해 첼시 서포터들의 마음에 영원히 남을 것이다. 사실 2012년 11월 2일, 서포터들은 드록바를 첼시 사상 최고 선수로 선정했다. 프랭크 램퍼드, 지안프랑코 졸라, 존 테리 등의 전설적인 선수보다 드록바에게 표를 더 준 것이다.

하지만, 드록바와 첼시 팬의 관계는 이적 첫해인 2004년만 해도 좋지 못했다. 드록바가 당시 첼시에 이적하길 꺼렸기 때문에 팬들은 오랜 기간 그에게 반감을 품었다. 그의 등번호 15(데이미언 더프가 떠난 2006년까지)와 11(2012년, 브라질 미드필더 오스칼 것이 됨) 유니폼이 램퍼드나 테리 것보다 안 팔린 이유였다. 이 아프리카 공격수가 구단의 공식 매장에서 자기 유니폼을 몇 백 장씩 사서 모국의 수도, 아비장에 보냈는데도 판매량은 크게 늘지 않았다.

드록바는 유니폼 수집가는 아니었다. "집에 장식한 유니폼은 세 벌뿐이에요. 지단, 호나우두, 호나우지뉴 것이요"라고 그가 말한 적이 있다. 드록바는 유럽 축구계를 떠나기 전까지 메시 유니폼도 꼭 갖고 싶다고 했지만, 2012년 챔피언스리그 준결승 2차전 직후, 메시가 유니폼을 교환하기로 해 놓고 경기 결과에 실망해서 그냥 가버렸다.

그래도 드록바는 첼시의 공식 매장에서 자신이 그려진 티셔츠가 불티나게 팔렸다는 사실에 위안을 받았을 것이다. 이제 본인이 사들일 필요가 없다.

알리안츠 아레나, 뮌헨(독일)
2012년 5월 19일
챔피언스리그 결승 바이에른뮌헨전에서 동점골을 넣고 승부차기에서 마지막 키커로 골을 넣은 코트디아부르의 스트라이커, 디디에 드록바가 구단 사상 첫 빅이어를 들고 있다.

FINAL 2012
MUNICH
WINNERS 2012
FINAL 2012
MUNICH
adidas
MUNICH FINAL 2012

Corinthians

코린치안스

국민의, 국민에 의한, 국민을 위한 팀

스타(가린샤, 히벨리누, 소크라치스, 호나우두)를 배출한 구단, 코린치안스는 브라질 사람들의 마음과 역사 속에서 특별한 위치에 자리 잡고 있다.

1910년 9월 1일, 남구에서 온 이민 노동자들이 클럽을 창설했을 때, 클럽명을 브라질 원정 중인 잉글랜드의 축구팀, 코린티안 캐주얼스에서 따왔다. 스포츠 클럽 코린치안스 파울리스타가 탄생한 것이다. 상파울루 주에서 가장 크고 가장 인기 있는 종합 스포츠 클럽이었다. 코린치안스는 약 3,500만 명의 팬을 보유하고 있으며, 그중에는 전 브라질 대통령 룰라(2003~2011년 재임), F1 드라이버 후벵스 바히셸루, 아일톤 세나(1994년 사망) 등이 있었다. 팀의 강령은 '국민의, 국민에 의한, 국민을 위한' 팀이 되는 것이다.

코린치안스의 서포터들은 '오 반도 지 로우코스(o bando de loucos, 이상한 무리들)'이라고 불렸지만, 초기 구단의 간부들은 보수적이어서 오프 화이트 유니폼을 선택했다. 오랜 기간, 유니폼은 순백색이었다가 1954년, 검은 바탕에 하얀 줄무늬가 들어간 유니폼이 등장했다. 엠블럼은 1913년부터 있었지만, 여러 번 바뀌었다. 현재 엠블럼의 유래는 1940년까지 거슬러 올라가는데, 구단이 수상 스포츠에서 성공했음을 알리기 위해 닻과 두 개의 노를 엠블럼에 추가했다.

4

국제 대회 타이틀

코파 리베르타도레스 우승 1회
FIFA클럽월드컵 우승 2회
레코파 수다메리카나 우승 1회

47

국내 대회 타이틀

브라질 전국 리그 우승 7회
상파울루 주 리그 우승 30회
코파 두 브라질 우승 3회
수페르코파 두 브라질 우승 1회
히우 상파울루 토너먼트 우승 6회

2012
코파 리베르타도레스 우승

1914
상파울루 주 리그 첫 우승

1954
상파울루 주 리그 우승

1900
브라질 전국 리그 우승

2000
FIFA클럽월드컵 첫 우승

Corinthians

극도로 민주적인 유니폼

1980년대 초, 코린치안스 유니폼을 입는다는 건 큰 각오가 필요했다. 그건 정치적 선택이었다. 브라질 대표팀 주장 소크라치스가 코린치안스에서 뛸 당시, 브라질은 군부 독재 시기였다. 1981년 11월, 소크라치스는 축구선수가 할 수 있는 민주화 투쟁을 벌였다. 이 이데올로기 운동은 군부 독재에 항의하고, 선수가 참여하는 민주적인 구단 운영을 위해 시작되었다. 입장료와 TV 중계권료는 구단 직원과 선수에게 승리 수당으로 배당되었다. 그들은 선수의 영입과 감독 선임도 결정할 수 있었다. 이 방식으로 전 코린치안스 수비수이자 1970년 월드컵 우승 멤버였던 제마리아를 코린치안스의 감독으로 앉혔다. 그들은 1983년 상파울루 주 챔피언십 결승전을 앞두고 다음과 같은 현수막을 경기장에서 펼쳤다.

'이기든 지든 민주주의 아래서'

이 자주적인 운영 방식과 매력적인 축구 브랜드가 결합해서 구단은 경기장 안팎에서 성공을 거뒀다.

"우리들은 자유를 위해, 나라를 바꾸기 위해 싸운다."

소크라치스는 이렇게 말했다. 안타깝게도 그는 2011년 12월 4일, 57세의 나이로 세상을 등진다. 브라질 대표 선수 하이(Rai)의 형이기도 했던 소크라치스는 의학박사 학위와 확고한 정치관을 가지고 있었고, 종종 '코린치안스 민주주의(Democracia Corinthiana)' 라고 적힌 유니폼을 입고 나타났다. 또한, 선거 기간에는 투표를 독려하는 문구를 유니폼 뒤에 붙이고 다니기도 했다. 코린치안스 안의 작은 공화국은 1985년, 브라질에 민주주의가 도입되면서 자연히 사라졌다.

1982년 코린치안스 대 상파울루의 더비 매치 '클라시코 마제스토소'에서 골을 넣고 기뻐하는 소크라치스(오른쪽).

'닥터' 소크라치스는 재능 넘치는 축구 선수이자 확고한 정치 신념의 소유자였다. 그것을 종종 유니폼에 드러냈다(아래).

cofap

Borussia Dortmund

보루시아도르트문트

일하는 남자의 유니폼

8개의 타이틀로 2개의 별

국가대표팀과 달리 클럽 유니폼에 별을 넣는 방식은 세계적으로 통일된 규정이 없다. 나라마다 다르다. 2012년 8번째 리그 우승을 달성한 도르트문트는 엠블럼 바로 위에 별 2개를 넣었다. 한편, 이탈리아의 유벤투스는 같은 수의 별을 넣는 데 우승 20번 할 때까지 기다려야 했다. 이는 독일에서 별을 넣는 규정이 다음과 같기 때문이다.

'4회 우승에 별 1개, 8회 우승에 별 2개, 10회 우승에 별 3개, 20회 우승에 별 4개'

루르 지방에서 샬케와 라이벌 관계인 도르트문트의 뿌리는 제철소와 탄광 노동자다. 팀의 컬러가 그 전통을 계승한다.

제철소와 탄광의 노동자들은 1909년 12월 19일, 클럽 창단에 흥분한 나머지, 클럽명을 짓는 것을 잊었다. 얼마 뒤, 창단을 기념해 맥주가 가득 찬 잔으로 건배했다고 해서 구단을 '보루시아'로 부르기로 했다. 원래 '보루시아'는 라틴어로 프로이센 왕국을 뜻하지만, 여기선 도르트문트 북동부에 있는 보루시아 양조장의 맥주를 떠올린 것이다. 이리하여 '발슈필 페어라인(Ballspiel-Verein, 구단) 보루시아 1909 도르트문트'가 탄생했다. 처음엔 파란색과 노란색 조합을 팀 컬러로 썼지만, 1945년, BVB09로 구단명을 개칭한 뒤, 노란색과 검은색으로 바뀌었다. 노란색은 서포터인 노동자들의 작업복 색이고, 검은색은 탄광을 의미한다. 그리고 이 팀 컬러는 행운의 색임이 증명되었다. 1966년 5월 5일, 독일팀 사상 최초로 유럽 컵 대회에서 우승했다(위너스컵 결승전에서 연장전 끝에 리버풀에 2-1 승리). 1997년에는 역대 독일팀 세 번째로 챔피언스리그 트로피를 들어 올렸고, 2000년에는 주식을 상장한 독일 최초의 구단이 되었다. 이후 심각한 재정 위기를 겪기도 했지만, 2008년 위르겐 클롭 감독을 선임한 뒤, 팀은 다시 비상하기 시작했다. 그 결과, 2011년 9년 만에 분데스리가 정상을 차지했으며, 이듬해 분데스리가와 DFB포칼을 모두 제패하며 화려하게 부활했다.

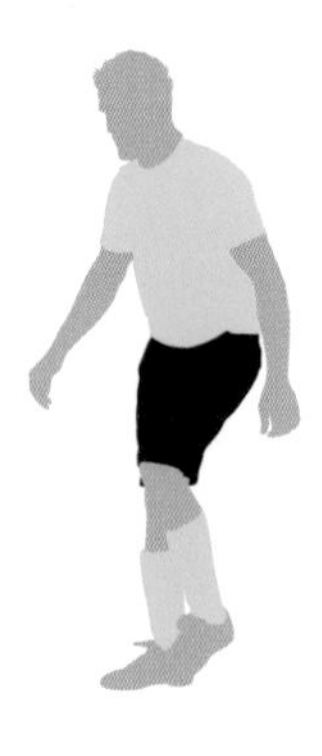

3

국제 대회 타이틀

UEFA챔피언스리그 우승 1회
UEFA위너스컵 우승 1회
인터컨티넨탈컵 우승 1회

16

국내 대회 타이틀

분데스리가 우승 5회
DFB포칼 우승 4회
DFL슈퍼컵 우승 7회

2012
분데스리가, DFB포칼
2관왕 달성

1909
첫 유니폼

1966
UEFA위너스컵 우승

1997
UEFA챔피언스리그 우승

2013
홈 유니폼

BVB 09
AMHUS
DAMHUS
www.damhus.de
EVONI

12
SUPPORTERS

Borussia Dortmund

노란 벽

도르트문트의 홈구장, '카테드랄(Cathedral 대성당, 구장 애칭)'에서는 팬도 선수처럼 팀의 유니폼을 위해 피를 흘린다. 독일 최대 경기장이며, 이 경기장 특유의 분위기는 독일에서 유명하다. 본래 명칭은 '베스트팔렌슈타디온(Westfalenstadion)'이었지만, 독일의 보험 회사인 지그날 이두나에 명명권을 팔면서 2005년 12월, '지그날 이두나 파크'로 불리게 되었다. 당시 도르트문트는 1억1,800만 유로의 부채를 안고 있어서 팀의 존속을 위해 경기장 지분과 명명권을 팔 수밖에 없는 상황이었다.

이 경기장은 예산 부족으로 건설이 안 되다가 서독 월드컵 개최 덕에 지을 수 있었으며, 1974년 4월 2일에 개장했다. 처음엔 54,000석이었지만, 2006년 독일 월드컵을 앞두고 증축했다. 지금은 27,359명을 추가로 수용할 수 있는 테라스가 생겼으며, 그중 24,454석은 남쪽 스탠드다. 폭 100m, 안쪽 길이 52m, 높이 40m나 되어서 유럽에서 가장 큰 입석 테라스라고 알려져 있다. 리버풀의 홈구장, 안필드의 KOP보다 2배 크다. 독일인이 '디 게르베 반트(Die gelbe Wand, 노란 벽)'라고 부르는 남쪽 스탠드는 수많은 도르트문트 서포터들이 90분 내내 서서 열성적인 응원을 펼치기로 유명하다. 여기서 뿜어져 나오는 엄청난 열기와 노란 물결 때문에 원정팀의 무덤으로 전 세계에 명성이 자자하다.

2003-04시즌 BVB 09는 리그 평균 관중 79,647명이라는 유럽 최다 관중 수를 기록했다. 2011-12시즌이 되어서야 바르셀로나가 그보다 많은 관중을 동원했다.

올림피아 슈타디온, 뮌헨(독일)
1997년 5월 28일 안드레아스 묄러가 챔피언스리그 트로피를 드는 모습.

"2011-12시즌, 최소 20승은 노란 벽 덕이다. 그 벽 앞에 서는 것은 상대 팀에 잊을 수 없는 경험일 것이다."

전 도르트문트 감독 위르겐 클롭

BVB
09

Benfica

벤피카

회원 20만 명을 보유한 구단

2007년 5월 22일, 주식 시장에 상장한 벤피카는 스포르팅과 더불어 리스본의 2대 클럽 중 한 팀이다. 포르투갈에서는 포르투만이 벤피카의 인기에 필적한다.

1904년 2월 28일, 리스본 남서부의 벨렝에 있는 프란쿠 약국에서 24명의 학생과 동문이 모여 종합 스포츠 클럽을 창단했다. 이후 젊은이들은 클럽명에 벤피카를 추가했으며 유니폼 색은 빨간색과 흰색으로 결정했다. '여럿으로 이루어진 하나(E Pluribus Unum)'라는 모토를 엠블럼에도 넣었는데, 이 모토는 미국의 국장(國章)에도 쓰인 것이었다. 엠블럼은 자전거 바퀴 형태(사이클 경기는 벤피카의 또 다른 주 종목 중 하나)이고, 홍백의 방패가 가운데 자리 잡고 있다.

창설된 지 1세기 이상 지난 2009년 9월 30일, 벤피카는 세계 각지에서 유료 회원 20만 명을 확보하였다고 발표하였다. 1970년대에 포르투갈 국적의 선수하고만 계약한다는 방침을 철폐하고 나서 구단은 엠블럼 위에 별 세 개를 달았다. 이는 1994년에 30번째 리그 타이틀을 획득했음을 나타낸다. 처음 우승한 것은 1936년. 오늘날 벤피카의 진열대에는 80개가 넘는 트로피가 장식되어 있다.

2

국제 대회 타이틀

UEFA챔피언스리그 우승 2회

81

국내 대회 타이틀

프리메이라리가 우승 37회
타사 드 포르투갈 우승 29회
타사 다 리가 우승 7회
수페르타사 우승 8회

2010
프리메이라리가 우승

1904
첫 유니폼

1936
프리메이라리가 첫 우승

1962
어웨이 유니폼

1973
프리메이라리가 우승

Benfica

독수리가 머무는 곳

동물의 세계는 엠블럼 디자인을 고심하는 구단 창설자에게 종종 영감을 준다. 기본은 선정한 동물이 구단의 가치관을 담고 있느냐다. 벤피카의 경우, 권위, 독립, 고귀함의 상징으로 독수리를 선택했다. 홈구장인 이스타디우 다 루스에서 경기 시작 전에 실제로 비토리아(Vitoria 승리)라는 독수리를 풀어서 경기장을 돌게 한다. 이 독수리는 날개를 크게 펼친 모습으로 구단 엠블럼에 그려져 있다.

독수리를 이용하는 구단은 벤피카뿐이 아니다. 이탈리아의 라치오도 로마의 스타디오 올림피코에서 경기 시작 전에 똑같은 의식을 벌이고, 팔레르모의 로고에도 시의 문장에서 가져온 금백색의 독수리가 그려져 있다. 그리스에서도 잘 나간다. 콘스탄티노플 총주교청의 문장인 쌍두 독수리는 AEK아테네, POK살로니카, 독사 드라마스 등의 엠블럼에도 등장한다. 터키에서는 베식타슈가 유니폼 색과 같은 검은색으로 독수리를 그려서 마스코트로 쓰고 있다. 마찬가지로 프랑스의 니스, 불가리아의 블라고에브그라드 등도 검은 독수리다. 다만, 시비르 노보시비르스크(러시아)와 크리스탈팰리스(잉글랜드)의 독수리는 파란색이고, 프랑크푸르트의 독수리는 빨간색이며, 아프리카스포츠내셔널(코트디부아르), 페렌츠바로스(헝가리), 라자카사블랑카(모로코)의 독수리는 녹색이다. 멕시코의 명문, 클루브아메리카는 독수리를 애칭으로 쓰고 있으며, 맨체스터시티가 1997년부터 2016년까지 썼던 엠블럼의 독수리는 혀를 내밀고 있다. 국가대표팀도 독수리를 상징으로 쓰는 경우가 있다. 말리(애칭 이글스), 튀니지(애칭 카르다고의 독수리)가 그렇다.

공통적인 점은 이 힘찬 독수리를 팀의 상징에서 빼려고 하면, 팬들이 반대한다는 것이다. 폴란드의 유니폼 제작사가 엠블럼의 독수리를 변형해서 알기 어려운 국장으로 만들자 팬들의 항의로 폴란드와 우크라이나가 공동개최한 유로2012를 앞두고 독수리를 원상복구 해야 했다.

아귀아 비토리아(승리의 독수리). 이스타디우 다 루스에서 경기하기 전, 경기장 상공을 날아다니는 독수리다. 100년 전부터 벤피카의 엠블럼에 그려져 있었다.

E PLURIBUS UNUM
S. L. B.

Arsenal

아스널

조화를 통한 승리와 하얀 소매

1886년 5월 1일에 런던 동부의 왕립 무기고에서 일하던 스코틀랜드 노동자들이 모여 만든 구단. '조화를 통한 승리(VICTORIA CONCORDIA CRESCIT)'를 모토로 하는 이 구단은 여러 번 팀명과 유니폼을 바꿔 왔다.

아스널의 첫 번째 이름은 다이얼 스퀘어FC였다(공장 입구에 있는 시계, Sundial에서 착안). 그 뒤 로열 아스널 앤 울위치로 바꾸었다. 재정이 파산 직전에 이르자 구단은 1910년 헨리 노리스에게 인수당했다. 이후 1913년에 홈구장을 런던 북동부의 하이버리 스타디움으로 옮겼다. 이듬해 구단 이름에서 울위치를 빼버리고 현재의 아스널FC로 바꾸었다.

1904년, 런던 구단 최초로 잉글랜드 1부 리그 승격에 성공했지만, 구단 수뇌부들은 마땅한 정식 유니폼을 찾지 못했다. 그래서 노팅엄포레스트에 부탁해서 유니폼을 받았는데, 그것이 당시 노팅엄의 팀 컬러인 심홍색이었고, 아스널 유니폼의 기원이 된다. 긴 세월을 거쳐 심홍색은 밝은 빨강으로 바뀌었고, 1933년, 리버풀을 불러들인 홈 경기부터 하얀 소매가 채택되었다. 이 변경으로 전체 빨간색이었던 리버풀 유니폼과 구분하기 쉬워졌고, 하얀 소매는 아스널의 트레이드마크가 되었다. 예외는 1965년부터 1967년까지 2시즌과 하이버리에서 마지막 시즌(2005-06)을 기념하여 입은 오리지널 심홍색 유니폼이었다. 하얀 소매 채택 뒤에 아스널이 좋은 성적을 올린 걸 보면, 현명한 선택으로 보인다.

1

국제 대회 타이틀

UEFA위너스컵 우승 1회

43

국내 대회 타이틀

프리미어리그 우승 13회
FA컵 우승 13회
EFL컵 우승 2회
커뮤니티실드 우승 15회

2004
프리미어리그 우승

1906
홈 유니폼

1931
프리미어리그 첫 우승

1994
유럽 대회 첫 우승
(UEFA위너스컵)

2013
홈 유니폼

전설 앙리

에미레이트 스타디움 앞 광장에 세워진 동상이 마법으로 생명을 얻은 것 같았다. 프랑스 공격수가 동상 받침대에서 그라운드로 내려와 다시 골을 넣은 것이다. 광적인 아스널 팬들의 꿈이 이루어진 것은 FA컵 결승 리즈전(2012년 1월 9일, 1-0 승)이었다. 멋진 밤이었다. 이 결과는 복귀한 앙리의 실력을 의심했던 베팅업체에 1,200만 유로의 손실을 입혔다.

"티티(앙리의 애칭)는 이미 아스널의 전설이다. 그는 오늘 이 전설에 약간 더 추가했을 뿐이다."

당시 감독 아르센 벵거는 그날 밤 기쁨에 넘친 얼굴로 말했다. 아스널에서 그와 함께했던 앙리(1999~2007년)가 MLS 시즌 오프 동안, 컨디션 유지를 위해 친정팀인 아스널로 돌아왔을 때, 경험이 풍부한 벵거는 앙리와 6주 단기 계약을 맺었다.

"NO라고 말할 수 없어서"라고 당시 뉴욕레드불스 소속이었던 앙리는 말했다.

그는 2008년, 투표로 아스널 사상 최우수 선수와 프리미어리그 최우수 외국인 선수에 선정되었다. 아스널 첫 시즌엔 14번이었지만, 나중에 월콧이 가져가고 앙리는 12번을 선택했다. 1998년 월드컵과 유로2000에서 프랑스 대표로 트로피를 들어 올렸을 때 달았던 등번호다. 35세의 앙리는 이 등번호를 달고 블랙번전(7-1), 선덜랜드전(2-1)에서 다시 골네트를 출렁였다. 그러나 이 단기 계약은 7경기째, 2012년 2월 16일, 챔피언스리그 밀란전에서 0-4로 패하며 끝났다. 그리고 통산 228골을 넣은 거너스(아스널의 애칭)의 최다 득점자는 2014년 미국에서 선수 생활을 마쳤다. 하지만 그의 동상은 영원히 아스널에 남을 것이다.

2011년 12월 10일부터 티에리 앙리의 동상이 에미레이트 스타디움 밖에 세워져 있다. 동상은 앙리가 골 뒤풀이 하는 모습을 묘사하고 있다.

티에리 앙리는 아스널 통산 228골을 넣었다. 아스널 사상 최다 득점 기록이다.

Olympique de Marseille

올랭피크 드 마르세유

골을 향해 곧바로!

마르세유는 구단 엠블럼에 새겨진 문구를 따라 프랑스와 유럽에서 돌풍을 일으키며 유니폼의 가치를 높여왔다.

마르세유의 창단 과정은 마르세유 남부의 생선 수프 요리, 부야베스처럼 불투명하다. 어떤 사람은 구단이 1899년, 펜싱 클럽 레페와 축구 클럽 클뢰브 드 마르세유가 합쳐져서 생겨났다고 생각한다. 구단의 유명한 모토인 '골을 향해 곧바로!(Droit au But)'는 그 축구 클럽에서 유래된 것이며 1935년 이전과 1986년 이후 구단 로고에 들어갔다. 그러나 어떤 사람은 1900년 12월 12일에 법적으로 공식 구단이 된 마르세유가 1892년에 설립되었다고 주장한다. 구단은 전자인 1899년 창단설을 인정했다. 팀 컬러에서 흰색은 창단 초기부터 피에르 드 쿠베르탱의 순수 올림픽 이념을 받아들인다는 뜻에서 채택되었다. 1896년 아테네에서 열린 초대 올림픽에서 선수 전원이 흰색 유니폼을 입었기 때문이다. 그러나 1997년, 아디다스사가 유니폼을 재공급하면서(아디다스사는 1974~1994년까지 유니폼을 후원하다가 2시즌 동안 배제된 뒤, 1997년에 복귀) 마르세유는 어웨이와 서드 유니폼 색을 자주 바꿨다. 엠블럼 위에는 금색 별이 하나 있는데, 이는 1993년 역사적인 챔피언스리그 우승*을 기념한 것이다. 마르세유는 유럽 대회에서 우승한 유일한 프랑스 클럽으로 오래 남아 있다.

*그 뒤, 국내 리그에서 승부 조작이 발각되어 2부 리그로 강등되고, 다음 시즌 유럽 대회 출전권을 박탈당했다. 다행히 챔피언스 리그 우승 기록은 박탈되지 않았다.

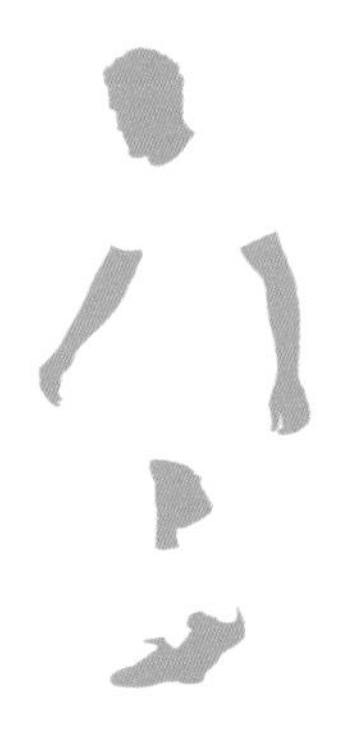

1

국제 대회 타이틀

UEFA챔피언스리그 우승 1회

25

국내 대회 타이틀

리그앙 우승 9회
쿠프 드 프랑스 우승 10회
쿠프 드 라 리그 우승 3회
트로페 데 샹피옹 우승 3회

1993
UEFA챔피언스리그 우승

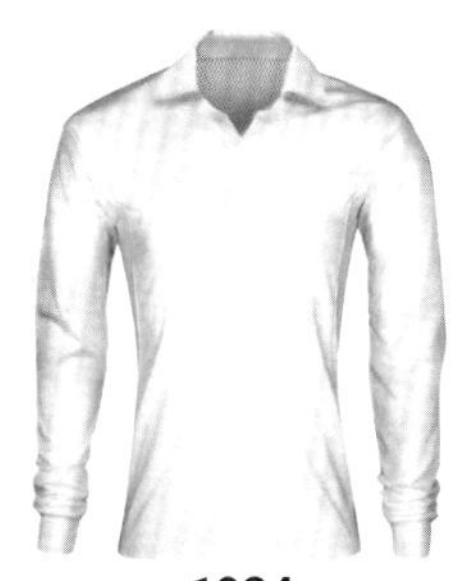

1924
쿠프 드 프랑스 첫 우승

1998
창단 100주년 기념 유니폼

2004
UEFA유로파리그 준우승

2010
리그앙 우승
(어웨이용)

Olympique de Marseille

자비로운 파팽

보르도에 사는 장 피에르 파팽의 한 친구는 파팽에게서 상자에 잘 담긴 유니폼을 선물 받고 감격의 눈물을 흘렸다고 한다.

"60벌 정도 되던가. 소련과 유고슬라비아 유니폼도 몇 벌 있었어요."

1991년 발롱도르 수상자는 회상했다. 덧붙여 "그 친구가 축구 유니폼 모으는 걸 알았거든요. 우리 집에서 벌레 먹는 것보다 액자에 넣어 그의 집 벽에 장식하는 쪽이 좋죠"라고 말했다.

그는 경력을 통해 좋은 인성을 자주 드러냈다. 이 전 프랑스 대표 선수는 말한다.

"유니폼에서 가장 중요한 건 사람들을 기쁘게 하는 겁니다. 돈이 없어서 유니폼 한 벌도 못 사는 팬이 있다면, 선수는 하루에 10장씩 줘야 한다고 생각해요. 저는 그렇게 해왔어요. 선물한 상대는 전 곧잘 잊어버리지만, 그 사람들은 지금도 저한테 와서 받은 유니폼을 보여줍니다."

프랑스 1부 리그에서 다섯 번이나 득점왕(1988~1992년)에 올랐던 파팽은 특정 유니폼을 자신을 위해 소장하고 있다. 1992년 4월 25일, 스타드 벨로드롬에서 칸을 2-0으로 꺾고, 마르세유의 서포터들에게 작별을 고한 날에 입은 유니폼이다.

"상징이죠. 사실 제가 뛰었던 발랑시엔, 브뤼허, 마르세유, 밀란, 뮌헨, 보르도의 유니폼을 한 벌씩 소장하고 있어요. 진열할 곳이 부족해져서 마지막으로 뛰었던 갱강(1998년)의 유니폼은 없지만요. 그래도 프랑스 디자이너, 로랑 파르도에게 의자 제작을 부탁해서 그 의자 시트에 유니폼을 장식해놨어요. 의자들은 아르카숑에 있는 우리 집 포카 테이블 앞에 놨습니다. 유일하게 제가 수집하는 건 공 모형이에요. 유리, 나무, 가죽으로 된 것도 있고, 물론 금으로 된 것도 있습니다. 바로 발롱도르(Ballon d'or 유럽 최우수 선수상. 원래 '황금 공'이란 뜻)죠. 그건 우리 집 거실 테이블에 진열했어요. 매일 보고 싶어서요!"

파팽은 웃으며 말했다.

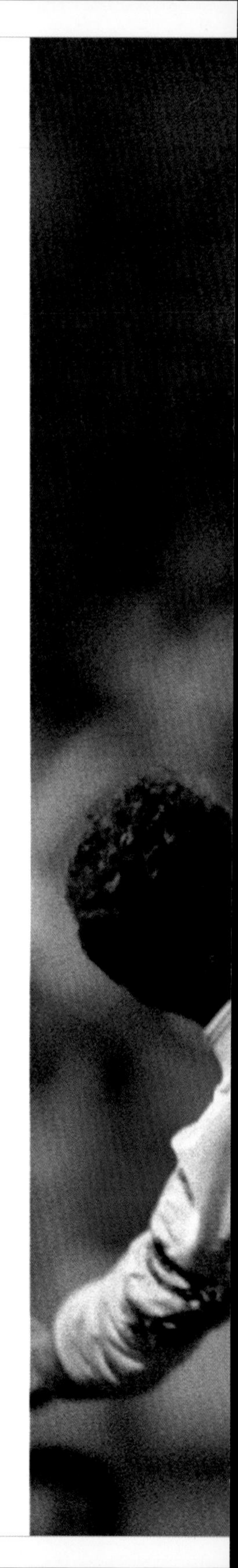

장 피에르 파팽의 아크로바틱 발리슛. 프랑스어로 빠삐나드(Papinade 파팽식)라는 말까지 만들어냈다.

Paris Saint-Germain

파리생제르맹

신흥부호

파리지앵(PARISIEN 파리 사람)은 자신들의 도시에 빅클럽이 생기길 꿈꾸어왔다. 2011년, 카타르 황태자가 파리생제르맹을 사들이면서 꿈의 클럽으로 거듭났다.

1970~1972년 로고

1992~1996년 로고

2002~2013년 로고

프랑스의 수도가 연고지라는 든든한 배경을 지닌 파리생제르맹(PSG)은 의외로 역사가 짧다. 이 팀은 1970년 8월 12일, 파리FC와 스타드생제르맹이 병합하여 창단되었다. 구단은 1970년 8월 27일을 공식 창단일로 정했다. 이날 이전에도 몇 경기를 치른 상태였지만.

PSG는 파리 시의 색인 파랑과 빨강을 가져와서 생제르맹의 흰색과 조합했다. 비교적 단기간에 트로피 몇 개를 따낸 뒤, 프랑스팀으로선 마르세유에 이어 두 번째로 유럽 대회 타이틀을 획득했다(1996년 5월 8일 UEFA위너스컵에서 라피트빈을 1-0으로 꺾고 우승). 그리고 2011년 5월 30일, 빅클럽으로 노선을 변경했다.

당시의 카타르 황태자(후에 국왕), 타밈 빈 하마드 알사니가 왕실의 자회사인 카타르 스포츠 인베스트먼트(QSI)를 통해 PSG 지분의 70%를 사들이면서 경영권을 확보한 것이다. 2012년 3월 6일에 QSI는 남은 30%의 주식마저 사들이며 카타르인이 PSG의 단독 주주가 되었다. 이후, 오일머니가 2008년 맨체스터시티를 바꿨듯이 카타르의 막대한 자본이 파리로 흘러들어왔다.

1

국제 대회 타이틀
UEFA챔피언스리그 우승 1회

38

국내 대회 타이틀
리그앙 우승 9회
쿠프 드 프랑스 우승 12회
쿠프 드 라 리그 우승 8회
트로페 데 샹피옹 우승 9회

2013
리그앙 우승

1975
리그앙 승격(어웨이용)

1986
리그앙 우승

1994
리그앙 우승

1996
UEFA위너스컵 우승

Paris Saint-Germain

즐라탄, 베컴, 등번호를 둘러싼 쟁탈전

2012년 7월 18일, 즐라탄 이브라히모비치는 에펠탑 아래서 등번호 없이 이름만 있는 유니폼을 손에 들고 카메라에 포즈를 취했다. 그는 등번호에 관해 질문을 받자 "아무것도 정해지지 않았다"고 언짢은 듯이 답했다.

"하지만, 스태프는 내가 어떤 번호를 받으면 기뻐할지 알고 있을 것이다."

그 뒤, 그는 파리생제르맹에서 10번을 받았다. 즐라탄의 첫 클럽인 스웨덴의 말뫼를 시작으로 그가 가는 팀마다 10번의 주인은 따로 있었다. 아약스에선 판데르파르트, 유벤투스에선 델 피에로, 인테르에선 아드리아누, 바르셀로나에선 메시, AC밀란에선 세도르프가 이미 10번을 달고 있었다. 운 나쁘게 PSG에서도 10번은 2년간 네네의 차지였다. 말뫼, 아약스, 유벤투스, 바르셀로나에서 즐라탄이 달았던 9번 역시 오아로가 달고 있었다.

"이브라히모비치가 프랑스어로 부탁하면 양보하겠다"고 이 프랑스 공격수가 약속했다. 즐라탄은 여러 나라의 말을 할 수 있었지만, 그는 부탁하지 않았다. 부탁하는 대신 18번을 골랐다. 그러나 10번을 포기한 것은 아니었다. 그는 리그앙에서 18번 유니폼을 입고 18골을 넣었지만, 네네가 이적하자마자 10번으로 바꿔 달았다. 다만, 국내 경기에서만이었다. 유럽 대회에선 UEFA가 시즌 도중에 등번호 변경을 금했기 때문이다.

이리하여 즐라탄은 2012-13시즌을 리그앙에서는 10번, 챔피언스리그에선 18번을 달고 뛰었다. 그리고 2013년 1월 31일, 베컴이 PSG와 계약하자 같은 문제가 생겼다. 슈퍼스타 베컴은 베스트와 칸토나의 등번호 7을 달고 맨체스터유나이티드에서 눈부신 활약을 펼치며 전설을 쌓아 올렸다. AC밀란에서 임대 첫 시즌에도 7번을 달고 뛰었다. 그러나 파리에서는 메네즈가 7번을 양보하지 않았다. 레알마드리드와 LA갤럭시에서 베컴이 마음에 들어 했던 23번도 판데비엘 차지였다. 그래서 베컴은 AC밀란에서 두 번째 시즌과 같은 방법을 쓰기로 했다. 2와 3의 순서를 바꿔서 32번을 선택하면서 불필요한 등번호 쟁탈전을 피했던 것이다.

세후 연 수입 1,400만 유로를 벌었던 즐라탄 이브라히모비치는 당시 프랑스 최고 수익 선수였다. 이는 PSG가 베컴에게 매달 지급했던 세전 31,800유로와는 차이가 컸다(다만, 베컴은 초상권과 명명권으로 버는 거액의 수입은 별도다). 베컴 급여의 일부는 파리의 자선단체에 기부되었다.

IBRAHIMOV
10

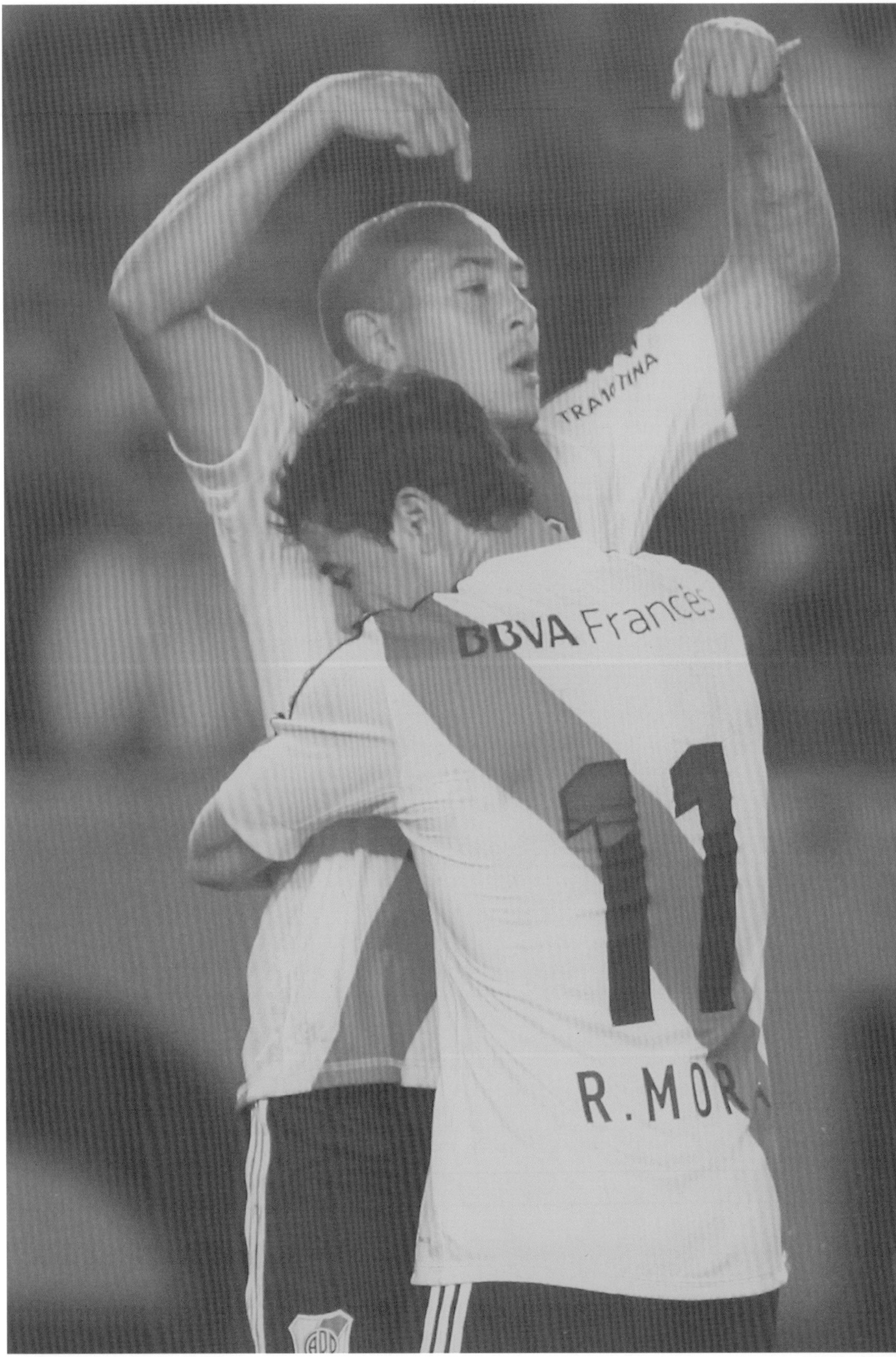
TRAMONTINA
BBVA Francés
11
R.MORA

Spain
Germany
Italy
England
France
Netherlands
Denmark
Sweden
Portugal
Russia
Belgium
Greece
Switzerland
Ukraine
Croatia
Norway

Football Shirts from Around the World

세계의 유니폼 850

Brazil
Mexico
United States
Argentina
Colombia
Uruguay
Chile
Ecuador
Korea
South Africa
Morocco
...

Jerseys form Around the World

전 세계 유니폼 집결

축구라는 아름다운 스포츠 경기가 시작될 무렵, 선수가 입은 셔츠는 오늘날과 같지 않았다. 팀을 상대 팀과 구분하는 천 조각은 스포츠용품이라고 할 수 없는 수준이었고, 발목까지 오는 신발과 긴 하의도 마찬가지였다. 당시 축구단을 상징하는 유일한 물건은 소수의 판촉용 제품과 토산품뿐이었다.

축구사를 연구하는 사람들은 최초의 스포츠용품 제조사가 프로 경기가 처음 열린 1879년 이전에 등장했음을 발견했다. 그 제조사는 벅타(Bukta)이며, 1885년에 사무실을 잉글랜드 북부의 맨체스터로 이전했다. 그들은 당시 무거워서 스포츠용으로 적합하지 않았던 울 소재의 셔츠를 가벼운 면 소재로 바꾸기 시작했다.

축구 유니폼을 팔면 돈을 번다는 사실을 이해하기까지 시간이 걸렸다. 팬들이 서서히 팀과 동화하기 시작했다. 특정 유니폼을 입는다는 것은 지지 표명이며 용기 있는 자기주장이었다. 특히, 한 지역에 복수의 구단이 있는 경우는 유니폼을 입으면 다른 팬과 차별할 수 있었다. 뻔하고 흔한 일상을 잊고, 구단의 일부가 되는 자신을 확실히 체감할 수 있었다.

수많은 꿈을 낳는 유니폼은 1977년 후원사를 획득했다. 이 해에 잉글랜드의 FA가 유니폼의 스폰서십을 인가함으로써 축구는 근대에 들어섰다. 이후 축구 유니폼은 구단의 브랜드이며 기본 중의 기본인 상품이 되었다. 제조사는 상품화를 위해 유니폼 디자인을 계속 바꾸고 있다. 더 매력적으로, 더 다양하게, 더 비싸게, 전 세계 사람들이 갖고 싶어지도록. 열광적인 팬들을 위한 소장품으로, 혹은 온라인 경매에 붙이는 고가품으로서 유니폼은 뜨거운 축구팬들에게, 그리고 돈벌이에 열심인 사업가에게 황금알을 낳는 거위가 되었다.

오늘날 유니폼은 때에 따라 선수보다 중요하다. 구단이 어떤 선수를 영입하려고 할 때, 그 선수의 경기력보다도 그 선수의 레플리카 유니폼이 얼마나 팔릴지로 결정하는 모습은 이제 특별한 일이 아니다.

유니폼은 패션 아이템으로 변모했다. 이 마법은 사라지지 않고 계속 유효하다. 팬은 유니폼에 주목하고 수호신처럼 유니폼을 지킨다. 시즌마다 새 유니폼에 관해 품평하고, 사소한 것이라도 마음에 안 드는 변경점이 있으면, 오리지널 디자인에 대한 모독이라며 거품을 문다. 축구 유니폼은 이미 문화이며 전 세계 팬을 사로잡고 있다.

이것이 이 책에서 축구 행성으로 여행을 하듯 세계 각지의 유니폼을 모아 소개한 이유다.

부디 자신이 사랑하는 유니폼을 잊지 않기를 바란다!

the best sellers

베스트셀러 유니폼

MANCHESTER UNITED (ENGLAND)
맨체스터유나이티드
140만 장

REAL MADRID (SPAIN)
레알마드리드
140만 장

FC BARCELONA (SPAIN)
FC바르셀로나
115만 장

CHELSEA (ENGLAND)
첼시
91만 장

BAYERN MUNICH (GERMANY)
바이에른뮌헨
88만 장

LIVERPOOL (ENGLAND)
리버풀
81만 장

2007~2012년 연평균 판매량 기준.
2012년 10월 피터 롤만 박사 조사

ARSENAL (ENGLAND)
아스널
800만 장

JUVENTUS (ITALY)
유벤투스
480만 장

INTER MILAN (ITALY)
인테르밀란
425만 장

AC MILAN (ITALY)
AC밀란
35만 장

OLYMPIQUE DE MARSEILLE (FRANCE)
올랭피크드마르세유
35만 장

BORUSSIA DORTMUND (GERMANY)
보루시아도르트문트
20~30만 장

MANCHESTER CITY (ENGLAND)
맨체스터시티
20~30만 장

PARIS SAINT-GERMAIN (FRANCE)
파리생제르맹
20~30만 장

BENFICA (PORTUGAL)
벤피카
20~30만 장

the most expensive

빅 스폰서십 유니폼

FC BARCELONA (SPAIN)
FC바르셀로나
Qatar Airways - 3000만 유로

BAYERN MUNICH (GERMANY)
바이에른뮌헨
Deutsche Telekom - 3000만 유로

PARIS SAINT-GERMAIN (FRANCE)
파리생제르맹
Fly Emirates - 2500만 유로

LIVERPOOL (ENGLAND)
리버풀
Standard Chartered - 2400만 유로

MANCHESTER CITY (ENGLAND)
맨체스터시티
Etihad - 2400만 유로

MANCHESTER UNITED (ENGLAND)
맨체스터유나이티드
AON - 2400만 유로

2013-14시즌 기준 후원금.

the best paid

높은 몸값을 받았던 선수 유니폼

ANZHI MAKHACHKALA (RUSSIA)
안지마하치칼라
사무엘 에투 - 2000만 유로

PARIS SAINT-GERMAIN (FRANCE)
파리생제르맹
즐라탄 이브라히모비치 - 1500만 유로

MANCHESTER UNITED (ENGLAND)
맨체스터유나이티드
웨인 루니 - 1310만 유로

MANCHESTER CITY (ENGLAND)
맨체스터시티
카를로스 테베스 - 1310만 유로

REAL MADRID (SPAIN)
레알마드리드
크리스티아누 호날두 -1300만 유로

FC BARCELONA (SPAIN)
FC바르셀로나
리오넬 메시 - 1250만 유로

2013-14시즌 기준 연봉.

SO wild

와일드 디자인 유니폼

COLORADO CARIBOUS (USA)
콜로라도카리부스
1978

AJAX (NETHERLANDS)
아약스
1990 - 어웨이용

AUSTRALIA (NATIONAL TEAM)
호주 대표팀
1991

MANCHESTER UNITED (ENGLAND)
맨체스터유나이티드
1991 - 어웨이용

ARSENAL (ENGLAND)
아스널
1992 - 어웨이용

QUEENS PARK RANGERS (ENGLAND)
퀸즈파크레인저스
1992 - GK용

READING (ENGLAND)
레딩
1992 – 어웨이용

ATALANTA (ITALY)
아탈란타
1994 – 어웨이용

BRISTOL ROVERS (ENGLAND)
브리스톨로버스
1994 – 어웨이용

DERBY COUNTY (ENGLAND)
더비카운티
1994 – 어웨이용

EINTRACHT FRANKFURT
(GERMANY)
아인트라흐트프랑크푸르트
1994

HULL CITY (ENGLAND)
헐시티
1994

MADUREIRA (BRAZIL)
마두레이라
1994

SHAMROCK ROVERS
(REPUBLIC OF IRELAND)
샘록로버스
1994 – 어웨이용

CHELSEA (ENGLAND)
첼시
1995 – 어웨이용

NOTTS COUNTY (ENGLAND)
노츠카운티
1995 - 어웨이용

SCUNTHORPE UNITED
(ENGLAND)
스컨소프유나이티드
1995 - 어웨이용

CROATIA (NATIONAL TEAM)
크로아티아 대표팀
1996 - GK용

ENGLAND (NATIONAL TEAM)
잉글랜드 대표팀
1996 - GK용

FC BARCELONA (SPAIN)
FC바르셀로나
1997 - 어웨이용

JAMAICA (NATIONAL TEAM)
자메이카 대표팀
1997

MANCHESTER UNITED
(ENGLAND)
맨체스터유나이티드
1998 - GK용

MEXICO (NATIONAL TEAM)
멕시코 대표팀
1998

BOCHUM (GERMANY)
보훔
1998

MEXICO (NATIONAL TEAM)
멕시코 대표팀
1999 – GK용

CHIAPAS (MEXICO)
치아파스
2003

ATHLETIC BILBAO (SPAIN)
아틀레틱빌바오
2004

SAINT-ÉTIENNE (FRANCE)
생테티엔
2005 – GK용

OLYMPIQUE DE MARSEILLE (FRANCE)
올랭피크드마르세유
2008 – 어웨이용

OLYMPIQUE LYONNAIS (FRANCE)
올랭피크리옹
2011 – 어웨이용

EVERTON (ENGLAND)
에버턴
2012 – GK용

CHARLEROI (BELGIUM)
샤를루아
2013

RECREATIVO DE HUELVA (SPAIN)
레크레아티보데우엘바
2013 – 어웨이용

so special

기념 유니폼

JUVENTUS (ITALY)
유벤투스
1997 – 창단 100주년 기념

OLYMPIQUE DE MARSEILLE (FRANCE)
올랭피크드마르세유
1998 – 창단 100주년 기념

FC BARCELONA (SPAIN)
FC바르셀로나
1999 – 창단 100주년 기념

ARSENAL (ENGLAND)
아스널
2006 – 하이버리 스타디움(1913~2006년 아스널 홈)에서 이전한 기념

INTER MILAN (ITALY)
인테르밀란
2008 – 창단 100주년 기념

CORINTHIANS (BRAZIL)
코린치안스
2010 – 창단 100주년 기념

LAZIO (ITALY)
라치오
2010 - 창단 110주년 기념 - 서드

PARIS SAINT-GERMAIN (FRANCE)
파리생제르맹
2011 - 창단 40주년 기념

FLUMINENSE (BRAZIL)
플루미넨시
2012 - 창단 110주년 기념

SANTOS (BRAZIL)
산투스
2012 - 창단 100주년 기념 - 서드

CELTIC (SCOTLAND)
셀틱
2013 - 창단 125주년 기념 - 서드

GENOA (ITALY)
제노아
2013 - 창단 100주년 기념 - 어웨이용

RACING SANTANDER (SPAIN)
라싱산탄데르
2013 - 창단 100주년 기념

UNITED STATES
(NATIONAL TEAM)
미국 대표팀
2013 - 미국축구협회 창립 100주년 기념

PSV EINDHOVEN (NETHERLANDS)
PSV에인트호번
2014 - 창단 100주년 기념 - 어웨이용

so vintage

옛 유니폼

JUVENTUS (ITALY)
유벤투스
1898

FC BARCELONA (SPAIN)
FC바르셀로나
1903

CHELSEA (ENGLAND)
첼시
1905

BOCA JUNIORS (ARGENTINA)
보카주니어스
1907

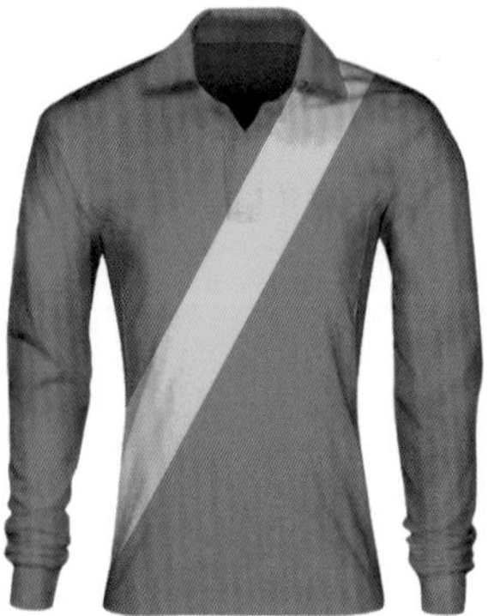

BOCA JUNIORS (ARGENTINA)
보카주니어스
1908

BORUSSIA DORTMUND
(GERMANY)
보루시아도르트문트
1909

SANTOS (BRAZIL)
산투스
1912

FLUMINENSE (BRAZIL)
플루미넨시
1940

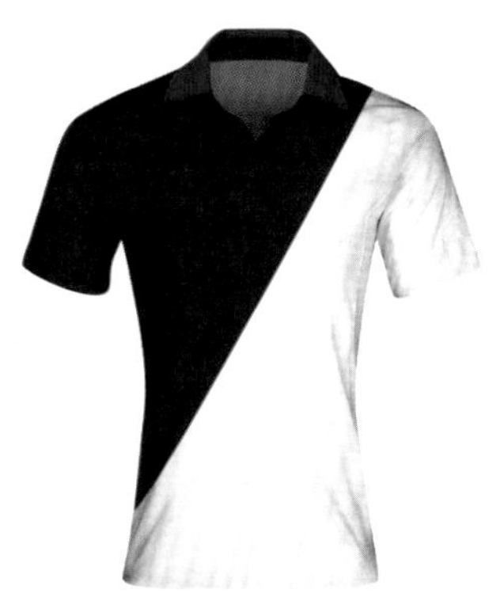

MONTERREY (MEXICO)
몬테레이
1945

VÉLEZ SARSFIELD (ARGENTINA)
벨레스사르스필드
1945

SOUTH AFRICA (NATIONAL TEAM)
남아프리카공화국 대표팀
1947

JAMAICA (NATIONAL TEAM)
자메이카
1948

SPAIN (NATIONAL TEAM)
스페인 대표팀
1950

UNITED STATES (NATIONAL TEAM)
미국 대표팀
1950

DUKLA PRAGUE (CZECH REPUBLIC)
두클라프라하
1960

AS MONACO (FRANCE)
AS모나코
1961

CUBA (NATIONAL TEAM)
쿠바 대표팀
1962

AS ROMA (ITALY)
AS로마
1966

USSR (NATIONAL TEAM)
소련 대표팀
1966

CONGO (NATIONAL TEAM)
콩고 대표팀
1968

PARMA (ITALY)
파르마
1969

PALERMO (ITALY)
팔레르모
1970 - 어웨이용

ALBANIA (NATIONAL TEAM)
알바니아 대표팀
1973

EAST GERMANY
(NATIONAL TEAM)
동독 대표팀
1974

JAPAN (NATIONAL TEAM)
일본 대표팀
1974

NETHERLANDS
(NATIONAL TEAM)
네덜란드 대표팀
1974

SAINT-ÉTIENNE (FRANCE)
생테티엔
1976

LOS ANGELES AZTECS
(UNITED STATES)
로스앤젤레스아즈텍스
1976

NORTHERN IRELAND
(NATIONAL TEAM)
북아일랜드 대표팀
1977

BASTIA (FRANCE)
바스티아
1978

CHEMNITZER FC (GERMANY)
켐니츠FC
1978

GUATEMALA (NATIONAL TEAM)
과테말라 대표팀
1978

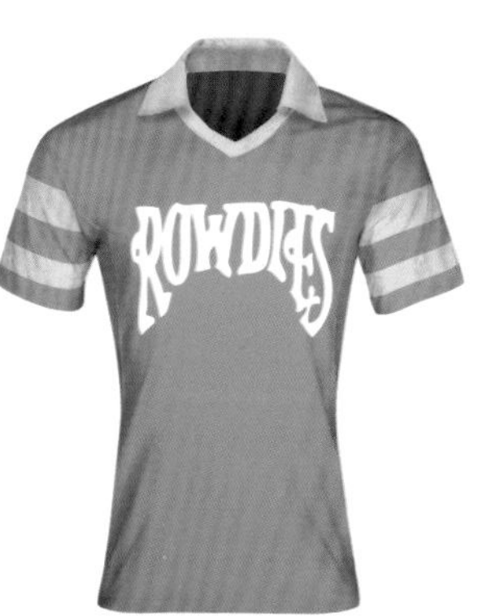

TAMPA BAY ROWDIES
(UNITED STATES)
탬파베이라우디스
1978

FORT LAUDERDALE STRIKERS
(UNITED STATES)
포트로더데일스트라이커스
1979

NEW ENGLAND TEA MEN
(UNITED STATES)
뉴잉글랜드티멘
1979

CALIFORNIA SURF
(UNITED STATES)
캘리포니아서프
1980 – 어웨이용

GHANA (NATIONAL TEAM)
가나 대표팀
1980

MALI (NATIONAL TEAM)
말리 대표팀
1980

MOZAMBIQUE (NATIONAL TEAM)
모잠비크 대표팀
1980

SURINAM (NATIONAL TEAM)
수리남 대표팀
1980

MONTREAL MANIC (CANADA)
몬트리올매닉
1981

MEXICO (NATIONAL TEAM)
멕시코 대표팀
1982 – 어웨이용

a journey across Planet Football

축구 행성으로 여행

Spain

NATIONAL TEAM
스페인 대표팀
2013 - ADIDAS

NATIONAL TEAM
스페인 대표팀
2013 - 어웨이용 - ADIDAS

ATHLETIC BILBAO
아틀레틱빌바오
2014 - nike

ATLÉTICO MADRID
아틀레티코마드리드
2014 - NIKE

ATLÉTICO MADRID
아틀레티코마드리드
2014 - 어웨이용 - NIKE

CELTA DE VIGO
셀타데비고
2014 - 어웨이용 - Adidas

ELCHE
엘체
2013 - Acerbis

FC BARCELONA
FC바르셀로나
2014 - NIKE

FC BARCELONA
FC바르셀로나
2014 - 어웨이용 - NIKE

GETAFE
헤타페
2014 - JOMA

GRANADA
그라나다
2013 - LUANVI

LEVANTE
레반테
2013 - KELME

MÁLAGA
말라가
2013 - NIKE

MÁLAGA
말라가
2013 - 어웨이용 - NIKE

MÁLAGA
말라가
2013 - 서드 - NIKE

OSASUNA
오사수나
2014 - adidas

RAYO VALLECANO
라요바예카노
2014 - ERREA

RAYO VALLECANO
라요바예카노
2013 - 어웨이용 - ERREA

RCD DE LA CORUÑA
RCD데라코루냐
2014 - LOTTO

RCD ESPANYOL
RCD에스파뇰
2014 - PUMA

RCD ESPANYOL
RCD에스파뇰
2013 - 어웨이용 - PUMA

REAL BETIS
레알베티스
2013 - MACRON

REAL BETIS
레알베티스
2013 - 서드 - MACRON

REAL MADRID
레알베티스
2014 - ADIDAS

REAL MADRID
레알마드리드
2014 - 어웨이용 - ADIDAS

REAL MADRID
레알마드리드
2014 - 서드 - adidas

REAL SOCIEDAD
레알소시에다드
2013 - NIKE

REAL VALLADOLID
레알바야돌리드
2013 - 어웨이용 - KAPPA

SEVILLA
세비야
2014 - warrior

SEVILLA
세비야
2014 - 어웨이용 - warrior

VALENCIA
발렌시아
2014 - JOMA

VALENCIA
발렌시아
2014 - 어웨이용 - JOMA

VILLARREAL
비야레알
2013 - xtep

Germany

NATIONAL TEAM
독일 대표팀
2013 - ADIDAS

NATIONAL TEAM
독일 대표팀
2013 - 어웨이용 - ADIDAS

BAYER LEVERKUSEN
바이에른레버쿠젠
2014 - ADIDAS

BAYERN MUNICH
바이에른뮌헨
2014 - ADIDAS

BAYERN MUNICH
바이에른뮌헨
2014 - 어웨이용 - ADIDAS

BAYERN MUNICH
바이에른뮌헨
2014 - 서드 - ADIDAS

BORUSSIA DORTMUND
보루시아도르트문트
2014 - PUMA

BORUSSIA DORTMUND
보루시아도르트문트
2014 - 어웨이용 - PUMA

BORUSSIA DORTMUND
보루시아도르트문트
2014 - 서드 - PUMA

BORUSSIA MÖNCHENGLADBACH
보루시아묀헨글라트바흐
2014 - kappa

BORUSSIA MÖNCHENGLADBACH
보루시아묀헨글라트바흐
2014 - 서드 - kappa

EINTRACHT BRAUNSCHWEIG
아인트라흐트브라운슈바이크
2014 - 어웨이용 - nike

EINTRACHT FRANKFURT
아인트라흐트프랑크푸르트
2014 - JAKO

EINTRACHT FRANKFURT
아인트라흐트프랑크푸르트
2014 - 어웨이용 - JAKO

FC AUGSBURG
FC아우크스부르크
2014 - JAKO

FC AUGSBURG
FC아우크스부르크
2014 - 서드 - JAKO

FC NÜRNBERG
FC뉘른베르크
2014 - Adidas

FSV MAINZ 05
FSV마인츠05
2014 - NIKE

FSV MAINZ 05
FSV마인츠05
2014 - 어웨이용 - NIKE

HAMBURGER SV
함부르크SV
2014 - ADIDAS

HANNOVER 96
하노버96
2014 - JAKO

HANNOVER 96
하노버96
2014 - 어웨이용 - JAKO

HERTHA BSC
헤르타BSC
2014 - Nike

HERTHA BSC
헤르타BSC
2014 - 어웨이용 - Nike

HOFFENHEIM
호펜하임
2014 - PUMA

SC FREIBURG
SC프라이부르크
2014 - NIKE

SCHALKE 04
살케04
2014 - ADIDAS

VFB STUTTGART
VFB슈투트가르트
2014 - PUMA

VFB STUTTGART
VFB슈투트가르트
2014 - 어웨이용 - PUMA

VFL WOLFSBURG
VFL볼프스부르크
2014 - ADIDAS

WERDER BREMEN
베르더브레멘
2014 - NIKE

WERDER BREMEN
베르더브레멘
2014 - 어웨이용 - NIKE

WERDER BREMEN
베르더브레멘
2014 - 서드 - NIKE

Italy

NATIONAL TEAM
이탈리아 대표팀
2013 - PUMA

NATIONAL TEAM
이탈리아 대표팀
2013 - 어웨이용 - PUMA

AC MILAN
AC밀란
2014 - ADIDAS

AC MILAN
AC밀란
2014 - 서드 - ADIDAS

AS ROMA
AS로마
2014

AS ROMA
AS로마
2014 - 어웨이용

ATALANTA
아탈란타
2014 - ERREA

ATALANTA
아탈란타
2014 - 어웨이용 - ERREA

BOLOGNA
볼로냐
2013 - MACRON

CAGLIARI
칼리아리
2013 - KAPPA

CATANIA
카타니아
2014 - GIVOVA

CHIEVO
키에보
2013 - GIVOVA

FIORENTINA
피오렌티나
2013 - JOMA

FIORENTINA
피오렌티나
2013 - 서드 - JOMA

GENOA
제노아
2013 - LOTTO

INTER MILAN
인테르밀란
2014 - NIKE

INTER MILAN
인테르밀란
2014 - 어웨이용 - NIKE

JUVENTUS
유벤투스
2014 - NIKE

JUVENTUS
유벤투스
2014 - 어웨이용 - NIKE

JUVENTUS
유벤투스
2013 - 서드 - NIKE

LAZIO
라치오
2014 - MACRON

LAZIO
라치오
2014 - 서드 - MACRON

LIVORNO
리보르노
2013 - legea

LIVORNO
리보르노
2013 - 어웨이용 - legea

NAPOLI
나폴리
2014 – macron

NAPOLI
나폴리
2014 – 어웨이용 – macron

PARMA
파르마
2014 – ERREA

PARMA
파르마
2014 – 어웨이용 – ERREA

SAMPDORIA
삼프도리아
2013 – KAPPA

SASSUOLO
사수올로
2013 – Sportika

TORINO
토리노
2013 – KAPPA

UDINESE
우디네세
2013 – LEGEA

VERONA
베로나
2014 – Thiird – nike

England

NATIONAL TEAM
잉글랜드 대표팀
2013 - nike

NATIONAL TEAM
잉글랜드 대표팀
2013 - 어웨이용 - nike

ARSENAL
아스널
2014 - NIKE

ARSENAL
아스널
2014 - 어웨이용 - NIKE

ASTON VILLA
아스톤빌라
2014 - MACRON

ASTON VILLA
아스톤빌라
2014 - 어웨이용 - MACRON

CARDIFF CITY
카디프시티
2014 - puma

CHELSEA
첼시
2014 - ADIDAS

CHELSEA
첼시
2014 - 어웨이용 - ADIDAS

CRYSTAL PALACE
크리스탈팰리스
2014

EVERTON
에버턴
2014 - NIKE

FULHAM
풀럼
2014 - ADIDAS

HULL CITY
헐시티
2014 - ADIDAS

LIVERPOOL
리버풀
2014 - WARRIOR

LIVERPOOL
리버풀
2014 - 어웨이용 - WARRIOR

MANCHESTER CITY
맨체스터시티
2014 - nike

MANCHESTER CITY
맨체스터시티
2014 - 어웨이용 - nike

MANCHESTER UNITED
맨체스터유나이티드
2014 - NIKE

MANCHESTER UNITED
맨체스터유나이티드
2014 - 어웨이용 - NIKE

NEWCASTLE UNITED
뉴캐슬유나이티드
2014 - Puma

NEWCASTLE UNITED
뉴캐슬유나이티드
2014 - 어웨이용 - Puma

NORWICH CITY
노리치시티
2014 - erea

SOUTHAMPTON
사우스햄튼
2014 - adidas

SOUTHAMPTON
사우스햄튼
2014 - 어웨이용 - adidas

STOKE CITY
스토크시티
2014 - 어웨이용 - ADIDAS

SUNDERLAND
선덜랜드
2014 - ADIDAS

SUNDERLAND
선덜랜드
2014 - 어웨이용 - ADIDAS

SWANSEA CITY
스완지시티
2014 - ADIDAS

SWANSEA CITY
스완지시티
2014 - 어웨이용 - ADIDAS

TOTTENHAM HOTSPUR
토트넘핫스퍼
2014 - UNDER ARMOUR

TOTTENHAM HOTSPUR
토트넘핫스퍼
2014 - 어웨이용 - UNDER ARMOUR

WEST BROMWICH ALBION
웨스트브롬위치알비온
2014 - ADIDAS

WEST HAM UNITED
웨스트햄유나이티드
2014 - adidas

France

NATIONAL TEAM
프랑스 대표팀
2013 - NIKE

NATIONAL TEAM
프랑스 대표팀
2013 - 어웨이용 - NIKE

AJACCIO
아작시오
2013 - DUARIG

AJACCIO
아작시오
2013 - 어웨이용 - DUARIG

AS MONACO
AS모나코
2014 - MACRON

AS MONACO
AS모나코
2014 - 어웨이용 - MACRON

AS SAINT-ÉTIENNE
AS생테티엔
2014 - ADIDAS

AS SAINT-ÉTIENNE
AS생테티엔
2014 - 어웨이용 - ADIDAS

ÉVIAN THONON GAILLARD
에비앙토농가야르
2013 - KAPPA

ÉVIAN THONON GAILLARD
에비앙토농가야르
2013 - 어웨이용 - KAPPA

FC LORIENT
FC로리앙
2014 - MACRON

FC LORIENT
FC로리앙
2013 - 어웨이용 - MACRON

FC NANTES
FC낭트
2014 - ERREA

FC SOCHAUX
FC소쇼
2014 - LOTTO

GIRONDINS BORDEAUX
지롱댕보르도
2013 - PUMA

GIRONDINS BORDEAUX
지롱댕보르도
2014 - 어웨이용 - PUMA

GUINGAMP
갱강
2014 - patrick

LILLE OSC
릴OSC
2013 - UMBRO

LILLE OSC
릴OSC
2013 - 어웨이용 - UMBRO

MONTPELLIER HSC
몽펠리에HSC
2014 - NIKE

OGC NICE
OGC니스
2014 - BURRDA

OLYMPIQUE LYONNAIS
올랭피크리옹
2014 - ADIDAS

OLYMPIQUE DE MARSEILLE
올랭피크드마르세유
2014 - ADIDAS

OLYMPIQUE DE MARSEILLE
올랭피크드마르세유
2014 - 어웨이용 - ADIDAS

PARIS SAINT-GERMAIN
파리생제르맹
2014 - NIKE

PARIS SAINT-GERMAIN
파리생제르맹
2014 - 어웨이용 - NIKE

RENNES
렌
2014 - PUMA

RENNES
렌
2013 - 어웨이용 - PUMA

SC BASTIA
SC바스티아
2014 - KAPPA

SC BASTIA
SC바스티아
2014 - 서드 - KAPPA

STADE DE REIMS
스타드드랭스
2013 - HUMMEL

TOULOUSE FC
툴루즈FC
2014 - KAPPA

VALENCIENNES
발랑시엔FC
2014 - UHLSPORT

Netherlands

NATIONAL TEAM
네덜란드 대표팀
2013 – NIKE

NATIONAL TEAM
네덜란드 대표팀
2013 – 어웨이용 – NIKE

ADO DEN HAAG
ADO덴하흐
2013 – ERREA

ADO DEN HAAG
ADO덴하흐
2013 – 어웨이용 – ERREA

AJAX
아약스
2013 – ADIDAS

AJAX
아약스
2013 – 어웨이용 – ADIDAS

ALKMAAR ZAANSTREEK
알크마르잔스트레이크
2013 – MACRON

FC GRONINGEN
FC흐로닝언
2013 – KLUPP

FC GRONINGEN
FC흐로닝언
2013 – 어웨이용 – KLUPP

FC TWENTE
FC트벤테
2013 – NIKE

FC UTRECHT
FC위트레흐트
2013 – HUMMEL

FEYENOORD
페예노르트
2013 – PUMA

FEYENOORD
페예노르트
2013 – 어웨이용 – PUMA

HERACLES ALMELO
헤라클레스알멜로
2013 – ERIMA

NAC BREDA
NAC브레다
2013 – 어웨이용 – PATRICK

NEC NIJMEGEN
NEC네이메헌
2013 - JAKO

PEC ZWOLLE
PEC즈볼러
2013 - PATRICK

PSV EINDHOVEN
PSV에인트호번
2013 - NIKE

PSV EINDHOVEN
PSV에인트호번
2013 - 어웨이용 - NIKE

SC HEERENVEEN
SC헤이렌베인
2013 - JAKO

VITESSE
피테서
2013 - NIKE

VITESSE
피테서
2013 - 어웨이용 - NIKE

VVV-VENLO
VVV펜로
2013 - 어웨이용 - MASITA

WILLEM II
빌럼II
2013 - MACRON

Ukraine

NATIONAL TEAM
우크라이나 대표팀
2013 – ADIDAS

DNIPRO DNIPROPETROVSK
드니프로드네프로페트로프스크
2013 – 서드 – NIKE

HOVERLA UZHHOROD
호베를라우주호로드
2013 – 어웨이용 – ADIDAS

SHAKHTAR DONETSK
샤흐타르도네츠크
2013 – NIKE

VOLYN LUTSK
볼린루츠크
2013 – 어웨이용 – ADIDAS

FC ZORYA LUHANSK
FC조랴루한스크
2013 – NIKE

Belgium

NATIONAL TEAM
벨기에 대표팀
2013 - BURRDA

NATIONAL TEAM
벨기에 대표팀
2013 - 어웨이용 - BURRDA

AA GENT
AA헨트
2013 - JAKO

ANDERLECHT
안데를레흐트
2013 - ADIDAS

BEERSCHOT AC
베이르스홋AC
2013 - MASITA

CERCLE BRUGGE
세르클러브뤼허
2013 - MASITA

CHARLEROI
샤를루아
2013 - JARTAZI

CLUB BRUGGE
클뤼프브뤼허
2013 - PUMA

KV MECHELEN
KV메헬렌
2013 - KAPPA

LIERSE SK
리르서SK
2013 - JAKO

LOKEREN
로케런
2013 - 어웨이용 - JARTAZI

OH LEUVEN
OH뢰번
2013 - VERMARC

RACING GENK
레싱헹크
2013 - NIKE

STANDARD LIÈGE
스탕다르리에주
2013 - JOMA

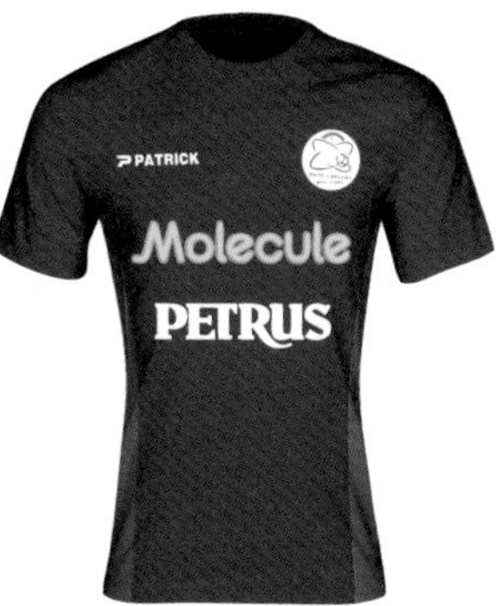

ZULTE WAREGEM
쥘터바레험
2013 - PATRICK

Turkey

NATIONAL TEAM
터키 대표팀
2013 - NIKE

AKHISAR BELEDIYESPOR
악히사르벨레디예스포르
2013 - 어웨이용 - NIKE

BESIKTAS
베식타시
2013 - 어웨이용 - ADIDAS

BURSASPOR
부르사스포르
2013 - 서드 - PUMA

BÜYÜKSEHIR BLD. SPOR
부유크세히르
2013 - 어웨이용 - NIKE

BÜYÜKSEHIR BLD. SPOR
부유크세히르
2013 - 서드 - NIKE

ELAZIGSPOR
엘라지스포르
2013 - UMBRO

FENERBAHÇE
페네르바흐체
2013 - ADIDAS

GALATASARAY
갈라타사라이
2013 - NIKE

GENÇLERBIRLIGI
겐칠레르빌리이
2013 - 서드 - LOTTO

KASIMPASA
카슴파샤
2013 - LOTTO

KAYSERISPOR
카이세리스포르
2013 - 서드 - ADIDAS

MERSIN IDMANYURDU
메르신이드만유르두
2013 - HUMMEL

ORDUSPOR
오르두스포르
2013 - 어웨이용 - UMBRO

TRABZONSPOR
트라브존스포르
2013 - NIKE

Greece

NATIONAL TEAM
그리스 대표팀
2013 - ADIDAS

AEK ATHENS
AEK아테네
2013 - PUMA

ARIS SALONIKA
아리스살로니카
2013 - 어웨이용 - UNDER ARMOUR

ARIS SALONIKA
아리스살로니카
2013 - 서드 - UNDER ARMOUR

ASTERAS TRIPOLIS
아스테라스트리폴리스
2013 - 서드 - NIKE

ATROMITOS ATHINON
아트로미토스아티논
2013 - HUMMEL

LEVADIAKOS
레바디아코스
2013 - HUMMEL

OLYMPIACOS
올림피아코스
2013 - PUMA

PANATHINAIKOS
파나티나이코스
2013 - ADIDAS

PANATHINAIKOS
파나티나이코스
2013 - 서드 - ADIDAS

PANIONIOS
파니오니오스
2013 - 서드 - TEMPO

PANTHRAKIKOS
판트라키코스
2013 - JOMA

PAS GIANNENA
PAS지안니나
2013 - 서드 - LOTTO

PLATANIAS
플라타니아스
2013 - MACRON

XANTHI
크산티
2013 - 서드

Portugal

NATIONAL TEAM
포르투갈 대표팀
2013 - NIKE

NATIONAL TEAM
포르투갈 대표팀
2013 - 어웨이용 - NIKE

ACADÉMICA COIMBRA
아카데미카코임브라
2013 - NIKE

BENFICA
벤피카
2013 - ADIDAS

BENFICA
벤피카
2013 - 어웨이용 - ADIDAS

CD NACIONAL
CD나시오날
2013 - HUMMEL

CS MARÍTIMO
CS마리티무
2013 - LACATONI

CS MARÍTIMO
CS마리티무
2013 - 서드 - LACATONI

FC PAÇOS DE FERREIRA
FC파수스드페헤이라
2013 - LACATONI

FC PAÇOS DE FERREIRA
FC파수스드페헤이라
2013 - 어웨이용 - LACATONI

FC PORTO
FC포르투
2013 - NIKE

FC PORTO
FC포르투
2013 - 서드 - NIKE

GD ESTORIL PRAIA
GD이스토릴프라이아
2013 - JOMA

GIL VICENTE FC
질비센트FC
2013 - 서드 - MACRON

MOREIRENSE
모레이렌스
2013 - LACATONI

MOREIRENSE
모레이렌스
2013 - 어웨이용 - LACATONI

RIO AVE FC
히우아브FC
2013 - LACATONI

SC BEIRA-MAR
SC베이라마르
2013 - HUMMEL

SC OLHANENSE
SC올랴넨스
2013 - LACATONI

SC OLHANENSE
SC올랴넨스
2013 - 어웨이용 - LACATONI

SPORTING BRAGA
스포르팅브라가
2013 - MACRON

SPORTING CP
스포르팅CP
2013 - PUMA

SPORTING CP
스포르팅CP
2013 - 어웨이용 - PUMA

VITÓRIA GUIMARÃES
비토리아SC
2013 - 서드 - LACATONI

Romania

NATIONAL TEAM
루마니아 대표팀
2013 - adidas

CFR 1907 CLUJ
CFR1907클루지
2013 - joma

DINAMO BUCURESTI
디나모부쿠레슈티
2013 - nike

OTELUL GALATI
오첼룰갈라치
2013 - masita

STEAUA BUCURESTI
스테아우아부쿠레슈티
2013 - nike

STEAUA BUCURESTI
스테아우아부쿠레슈티
2013 - 어웨이용 - nike

Russia

NATIONAL TEAM
러시아 대표팀
2013 - ADIDAS

ALANIA VLADIKAVKAZ
알라니아블라디캅카스
2013 - UMBRO

AMKAR PERM
암카르페름
2013 - 어웨이용 - PUMA

ANZHI MAKHACHKALA
안지마하치칼라
2013 - ADIDAS

CSKA MOSCOW
CSKA모스크바
2013 - ADIDAS

DYNAMO MOSCOW
디나모모스크바
2013 - ADIDAS

FC ROSTOV
FC로스토프
2013 - JOMA

KRYLIA SOVETOV
크릴리야소베토프
2013 - 서드 - UMBRO

LOKOMOTIV MOSCOW
로코모티프모스크바
2013 - PUMA

LOKOMOTIV MOSCOW
로코모티프모스크바
2013 - 어웨이용 - PUMA

RUBIN KAZAN
루빈카잔
2013 - UMBRO

SPARTAK MOSCOW
스파르타크모스크바
2013 - NIKE

SPARTAK MOSCOW
스파르타크모스크바
2013 - 어웨이용 - NIKE

TEREK GROZNY
테레크그로즈니
2013 - ADIDAS

ZENIT SAINT PETERSBURG
제니트상트페테르부르크
2013 - NIKE

Czech Republic

NATIONAL TEAM
체코 대표팀
2013 - ADIDAS

NATIONAL TEAM
체코 대표팀
2013 - 어웨이용 - ,ADIDAS

SLAVIA PRAHA
슬라비아프라하
2013 - umbro

SLAVIA PRAHA
슬라비아프라하
2013 - 어웨이용 - umbro

SPARTA PRAHA
스파르타프라하
2013 - .nike

SPARTA PRAHA
스파르타프라하
2013 - 어웨이용 - nike

Switzerland

NATIONAL TEAM
스위스 대표팀
2013 - PUMA

BSC YOUNG BOYS
BSC영보이스
2013 - JAKO

FC BASEL
FC바젤
2013 - ADIDAS

FC SION
FC시옹
2013 - ERREA

FC ZÜRICH
FC취리히
2013 - NIKE

GRASSHOPPERS
그라스호퍼
2013 - PUMA

Denmark

NATIONAL TEAM
덴마크 대표팀
2013 - ADIDAS

NATIONAL TEAM
덴마크 대표팀
2013 - 어웨이용 - ADIDAS

AALBORG BK
올보르BK
2013 - ADIDAS

AALBORG BK
올보르BK
2013 - 어웨이용 - ADIDAS

AC HORSENS
AC호르센스
2013 - HUMMEL

AGF AARHUS
AGF오르후스
2013 - HUMMEL

AGF AARHUS
AGF오르후스
2013 - 어웨이용 - HUMMEL

AGF AARHUS
AGF오르후스
2013 - 서드 - HUMMEL

BRØNDBY IF
브뢴뷔IF
2013 - HUMMEL

BRØNDBY IF
브뢴뷔IF
2013 - 어웨이용 - HUMMEL

ESBJERG FB
에스비에르FB
2013 - NIKE

ESBJERG FB
에스비에르FB
2013 - 어웨이용 - NIKE

ESBJERG FB
에스비에르FB
2013 - 서드 - NIKE

FC KØBENHAVN
FC코펜하겐
2013 - ADIDAS

FC KØBENHAVN
FC코펜하겐
2013 - 서드 - ADIDAS

FC MIDTJYLLAND
FC미트윌란
2014 - Wunderelf

FC MIDTJYLLAND
FC미트윌란
2014 - 어웨이용 - Wunderelf

FC NORDSJÆLLAND
FC노르셸란
2014 - diadora

FC NORDSJÆLLAND
FC노르셸란
2014 - 어웨이용 - diadora

FC VESTSJÆLLAND
FC베스트셸란
2013 - Nike

ODENSE BK
오덴세BK
2014 - PUMA

RANDERS FC
라네르스FC
2013 - warrior

SØNDERJYSKE
쇠네르위스케
2013 - diadora

VIBORG FF
비보르FF
2013 - kappa

Norway

NATIONAL TEAM
노르웨이 대표팀
2013 - UMBRO

LILLESTRØM SK
릴레스트룀SK
2013 - LEGEA

ROSENBORG BK
로센보르그BK
2013 - ADIDAS

SANDNES ULF
산네스울프
2013 - NIKE

STABÆK FOTBALL
스타베크포트발
2013 - LEGEA

TROMSØ IL
트롬쇠IL
2013 - PUMA

Israel

NATIONAL TEAM
이스라엘 대표팀
2013 - adidas

HAPOËL TEL AVIV
하포엘텔아비브
2014 - kappa

HAPOËL TEL AVIV
하포엘텔아비브
2014 - 서드 - kappa

MACCABI HAÏFA
마카비하이파
2014 - nike

MACCABI TEL AVIV
마카비텔아비브
2014 - macron

MACCABI TEL AVIV
마카비텔아비브
2014 - 서드 - macron

Sweden

NATIONAL TEAM
스웨덴 대표팀
2013 - adidas

NATIONAL TEAM
스웨덴 대표팀
2013 - 어웨이용 - adidas

AIK
AIK(알멘나이드롯스클루벤)
2013 - ADIDAS

AIK
AIK(알멘나이드롯스클루벤)
2013 - 어웨이용 - ADIDAS

ÅTVIDABERGS FF
오트비다베리FF
2013 - UHLSPORT

BK HÄCKEN
BK헤켄
2013 - NIKE

DJURGÅRDENS IF
유르고르덴IF
2013 - ADIDAS

DJURGÅRDENS IF
유르고르덴IF
2013 - 어웨이용 - ADIDAS

GAIS
가이스
2013 - PUMA

GEFLE IF
예플레IF
2013 - UMBRO

GIF SUNDSVALL
GIF순스발
2013 - ADIDAS

HALMSTADS BK
할름스타드BK
2013 - PUMA

HAMMARBY IF
함마르뷔IF
2013 - KAPPA

HELSINGBORGS IF
헬싱보리IF
2013 - PUMA

IF BROMMAPOJKARNA
IF브롬마포이카르나
2013 - ADIDAS

IF ELFSBORG
IF엘프스보리
2013 - UMBRO

IFK GÖTEBORG
IFK예테보리
2013 - ADIDAS

IFK NORRKÖPING
IFK노르셰핑
2013 - PUMA

KALMAR FF
칼마르FF
2013 - PUMA

MALMÖ FF
말뫼FF
2013 - PUMA

MJÄLLBY AIF
미엘뷔AIF
2013 - UMBRO

ÖREBRO SK
외레브로SK
2013 - PUMA

ÖSTERS IF
외스테르스IF
2013 - UMBRO

SYRIANSKA FC
쉬리안스카FC
2013 - NIKE

Finland

NATIONAL TEAM
핀란드 대표팀
2013 - adidas

NATIONAL TEAM
핀란드 대표팀
2013 - 어웨이용 - adidas

FC HONKA
FC홍카
2013 - umbro

FC LAHTI
FC라흐티
2013 - joma

FF JARO
FF야로
2013 - errea

HJK HELSINKI
HJK헬싱키
2013 - adidas

HJK HELSINKI
HJK헬싱키
2013 - 어웨이용 - adidas

IFK MARIEHAMN
IFK마리에함
2013 - puma

INTER TURKU
인테르투르쿠
2013 - nike

JJK
JJK
2013 - nike

KUPS
KUPS(쿠오피온팔로세우라)
2013 - puma

MYPA
뮈파
2013 - puma

ROPS
ROPS(로바니에멘팔로세우라)
2013 - adidas

TPS
TPS(투룬팔로세우라)
2013 - puma

VPS
VPS(바산팔로세우라)
2013 - nike

Europe continued

그 밖의 유럽 대표팀 유니폼

AUSTRIA
오스트리아 대표팀
2013 - puma

BOSNIA-HERZEGOVINA
보스니아헤르체고비나 대표팀
2013 - 어웨이용 - legea

BULGARIA
불가리아 대표팀
2013 - kappa

HUNGARY
헝가리 대표팀
2013 - adidas

KAZAKHSTAN
카자흐스탄 대표팀
2013 - adidas

MALTA
몰타 대표팀
2013 - givova

MONTENEGRO
몬테네그로 대표팀
2013 - legea

NORTHERN IRELAND
북아일랜드 대표팀
2013 - adidas

POLAND
폴란드 대표팀
2013 - nike

REPUBLIC OF IRELAND
아일랜드 대표팀
2013 - umbro

SCOTLAND
스코틀랜드 대표팀
2013 - adidas

SERBIA
세르비아 대표팀
2013 - nike

SLOVAKIA
슬로바키아 대표팀
2013 - puma

SLOVENIA
슬로베니아 대표팀
2013 - 어웨이용 - nike

WALES
웨일스 대표팀
2013 - 어웨이용 - umbro

Brazil

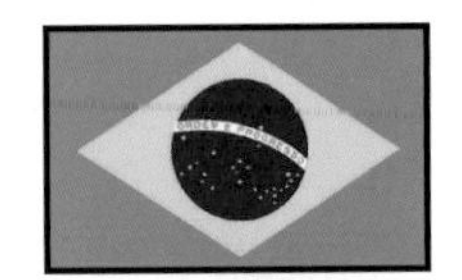

NATIONAL TEAM
브라질 대표팀
2013 - Nike

NATIONAL TEAM
브라질 대표팀
2013 - 어웨이용 - Nike

ATLÉTICO MINEIRO
아틀레치쿠미네이루
2013 - Lupo Sport

ATLÉTICO PARANAENSE
아틀레치쿠파라나엔시
2013 - Umbro

BOTAFOGO
보타포구
2013 - Puma

CORINTHIANS
코린치안스
2013 - Nike

CORINTHIANS
코린치안스
2013 - 어웨이용 - Nike

CORITIBA
코르치바
2013 - Nike

CRICIÚMA
크리시우마
2013 - kanxa

CRUZEIRO
크루제이루
2013 - Olympikus

CRUZEIRO
크루제이루
2013 - 어웨이용 - Olympikus

EC BAHIA
EC바이아
2012 - Nike

EC BAHIA
EC바이아
2012 - 어웨이용 - Nike

FLAMENGO
플라멩구
2013 - Adidas

FLAMENGO
플라멩구
2013 - 어웨이용 - Adidas

FLUMINENSE
플루미넨시
2013 - Adidas

FLUMINENSE
플루미넨시
2013 - 어웨이용 - Adidas

GOIÁS
고이아스
2013 - Puma

GOIÁS
고이아스
2013 - 어웨이용 - Puma

GRÊMIO
그레미우
2013 - Topper

GRÊMIO
그레미우
2013 - 어웨이용 - Topper

INTERNACIONAL
인테르나시오나우
2013 - Nike

NÁUTICO
나우치쿠
2013 - Penalty

NÁUTICO
나우치쿠
2013 - 어웨이용 - Penalty

PONTE PRETA
폰치프레타
2013 - Pulse

PORTUGUESA
포르투게자
2013 - Lupo Sport

PORTUGUESA
포르투게자
2013 - 어웨이용 - Lupo Sport

SANTOS
산투스
2013 - Nike

SÃO PAULO
상파울루
2013 - Penalty

SÃO PAULO
상파울루
2013 - 어웨이용 - Penalty

VASCO DA GAMA
바스쿠다가마
2013 - Penalty

VITORIA
비토리아
2013 - Penalty

VITORIA
비토리아
2013 - 어웨이용 - Penalty

Argentina

NATIONAL TEAM
아르헨티나 대표팀
2012 - ADIDAS

NATIONAL TEAM
아르헨티나 대표팀
2012 - 어웨이용 - ADIDAS

ALL BOYS
올보이스
2012 - 서드 - BALONPIE

ARGENTINOS JUNIORS
아르헨티노스주니어스
2012 - 어웨이용 - OLYMPIKUS

ARSENAL
아르세날
2012 - LOTTO

ARSENAL
아르세날
2012 - 서드 - LOTTO

ATLÉTICO RAFAELA
아틀레티코라파엘라
2012 – 어웨이용 – AR

ATLÉTICO BELGRANO
아틀레티코벨그라노
2012 – 서드 – LOTTO

BOCA JUNIORS
보카주니어스
2012 – NIKE

BOCA JUNIORS
보카주니어스
2012 – 어웨이용 – NIKE

COLÓN (SANTA FE)
콜론(산타페)
2012 – UMBRO

COLÓN (SANTA FE)
콜론(산타페)
2012 – 어웨이용 – UMBRO

ESTUDIANTES (LA PLATA)
에스투디안테스(라플라타)
2012 – 어웨이용 – ADIDAS

GODOY CRUZ
고도이크루스
2012 – 어웨이용 – LOTTO

INDEPENDIENTE
인데펜디엔테
2012 – PUMA

LANÚS
라누스
2012 - OLYMPIKUS

NEWELL'S OLD BOYS
뉴웰스올드보이스
2012 - 어웨이용 - TOPPER

QUILMES
킬메스
2012 - 서드 - LOTTO

RACING CLUB
라싱클루브
2012 - 어웨이용 - OLYMPIKUS

RACING CLUB
라싱클루브
2012 - 서드 - OLYMPIKUS

RIVER PLATE
리베르플레이트
2012 - ADIDAS

RIVER PLATE
리베르플레이트
2012 - 어웨이용 - ADIDAS

RIVER PLATE
리베르플레이트
2012 - 서드 - ADIDAS

SAN LORENZO
산로렌소
2012 - 어웨이용 - LOTTO

SAN LORENZO
산로렌소
2012 - 서드 - LOTTO

SAN MARTÍN (SAN JUAN)
산마르틴(산후안)
2012 - MITRE

SAN MARTÍN (SAN JUAN)
산마르틴(산후안)
2012 - 어웨이용 - MITRE

SAN MARTÍN (SAN JUAN)
산마르틴(산후안)
2012 - 서드 - MITRE

TIGRE
티그레
2012 - KAPPA

UNIÓN (SANTA FE)
우니온(산타페)
2012 - TBS

UNIÓN (SANTA FE)
우니온(산타페)
2012 - 어웨이용 - TBS

VÉLEZ SARSFIELD
벨레스사르스필드
2012 - TOPPER

VÉLEZ SARSFIELD
벨레스사르스필드
2012 - 서드 - TOPPER

Chile

NATIONAL TEAM
칠레 대표팀
2012 - PUMA

ANTOFAGASTA
안토파가스타
2012 - TRAINING

COBRESAL
코브레살
2012 - LOTTO

HUACHIPATO
우아치파토
2012 - MITRE

PALESTINO
팔레스티노
2012 - TRAINING

CD UNIVERSIDAD DE CONCEPCIÓN
CD우니베르시다드데콘셉시온
2012 - PENALTY

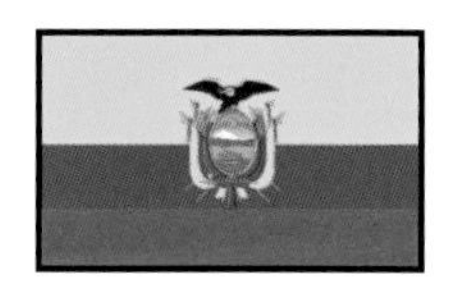

Ecuador

NATIONAL TEAM
에콰도르 대표팀
2013 - marathon

BARCELONA
바르셀로나
2013 - marathon

DEPORTIVO QUITO
데포르티보키토
2013 - fila

EL NACIONAL
엘나시오날
2013 - lotto

EMELEC
에멜레크
2013 - warrior

LDU DE QUITO
LDU데키토
2013 - umbro

Mexico

NATIONAL TEAM
멕시코 대표팀
2013 - adidas

NATIONAL TEAM
멕시코 대표팀
2013 - 어웨이용 - adidas

ATLANTE
아틀란테
2013 - kappa

ATLANTE
아틀란테
2013 - 어웨이용 - kappa

ATLANTE
아틀란테
2013 - 서드 - kappa

ATLAS
아틀라스
2013 - nike

ATLAS
아틀라스
2013 - 어웨이용 - nike

CD LÉON
CD레온
2013 - pirma

CD LÉON
CD레온
2013 - 서드 - pirma

CF AMÉRICA
CF아메리카
2013 - nike

CF AMÉRICA
CF아메리카
2013 - 어웨이용 - nike

CF AMÉRICA
CF아메리카
2013 - 서드 - nike

CF PACHUCA
CF파추카
2013 - nike

CF PACHUCA
CF파추카
2013 - 어웨이용 - nike

CHIAPAS
치아파스
2013 - joma

CHIAPAS
치아파스
2013 - 어웨이용 - joma

CLUB TIJUANA
클루브티후아나
2013 - nike

CRUZ AZUL
크루스아술
2013 - umbro

GUADALAJARA
과달라하라
2013 - adidas

MONARCAS
모나르카스
2013 - nike

MONTERREY
몬테레이
2013 - nike

MONTERREY
몬테레이
2013 - 어웨이용 - nike

MONTERREY
몬테레이
2013 - 서드 - nike

PUEBLA
푸에블라
2013 - pirma

PUMAS UNAM
푸마스우남
2013 - puma

QUERÉTARO
케레타로
2013 - pirma

SAN LUIS
산루이스
2013 - pirma

SANTOS LAGUNA
산토스라구나
2013 - puma

SANTOS LAGUNA
산토스라구나
2013 - 어웨이용 - puma

TIGRES
티그레스
2013 - adidas

TIGRES
티그레스
2013 - 어웨이용 - adidas

TOLUCA
톨루카
2013 - under armour

TOLUCA
톨루카
2013 - 서드 - under armour

Colombia

NATIONAL TEAM
콜롬비아 대표팀
2012 – ADIDAS

CHICÓ FC
치코FC
2012 – WALON

CÚCUTA
쿠쿠타
2012 – FSS

CÚCUTA
쿠쿠타
2012 – 어웨이용 – FSS

ENVIGADO
엔비가도
2012

JUNIOR
후니오르
2012 – 어웨이용 – PUMA

LA EQUIDAD
라에키다드
2012

MILLONARIOS
미요나리오스
2012 - 어웨이용 - ADIDAS

PASTO
파스토
2012 - 어웨이용 - keuka

PATRIOTAS
파트리오타스
2012 - FSS

REAL CARTAGENA
레알카르타헤나
2012 - LOTTO

REAL CARTAGENA
레알카르타헤나
2012 - 서드 - LOTTO

ITAGÜÍ
이타기
2012 - FSS

ITAGÜÍ
이타기
2012 - 서드 - FSS

TOLIMA
톨리마
2012 - MITRE

Uruguay

NATIONAL TEAM
우루과이 대표팀
2012 - puma

BELLA VISTA
베야비스타
2012 - mgr sport

CENTRAL ESPAÑOL
센트럴에스파뇰
2012 - matgeor

CERRO LARGO
세로라르고
2012 - 어웨이용 - mass

DANUBIO
다누비오
2012 - mass

DEFENSOR
데펜소르
2012 - penalty

EL TANQUE SISLEY
엘탄케시슬레이
2012 - mgr sport

FÉNIX
페닉스
2012 - 어웨이용 - mgr sport

JUVENTUD
후벤투드
2012 - menpi

LIVERPOOL
리버풀
2012 - mgr sport

MONTEVIDEO WANDERERS
몬테비데오원더러스
2012 - mgr sport

NACIONAL
나시오날
2012 - umbro

PEÑAROL
페냐롤
2012 - 서드 - puma

PROGRESO
프로그레소
2012 - matgeor

RACING CM
라싱CM
2012 - 어웨이용 - mass

United States

NATIONAL TEAM
미국 대표팀
2013 - nike

NATIONAL TEAM
미국 대표팀
2013 - 어웨이용 - nike

CHICAGO FIRE
시카고파이어
2013 - adidas

CHICAGO FIRE
시카고파이어
2013 - 어웨이용 - adidas

CHIVAS USA
치바스USA
2013 - adidas

COLORADO RAPIDS
콜로라도래피즈
2013 - adidas

COLORADO RAPIDS
콜로라도래피즈
2013 - 어웨이용 - adidas

COLUMBUS CREW
콜럼버스크루
2013 - adidas

COLUMBUS CREW
콜럼버스크루
2013 - 어웨이용 - adidas

DC UNITED
DC유나이티드
2013 - adidas

DC UNITED
DC유나이티드
2013 - 어웨이용 - adidas

FC DALLAS
FC댈러스
2013 - adidas

FC DALLAS
FC댈러스
2013 - 어웨이용 - adidas

HOUSTON DYNAMO
휴스턴다이너모
2013 - adidas

LA GALAXY
LA갤럭시
2013 - adidas

LA GALAXY
LA갤럭시
2013 - 어웨이용 - adidas

NEW ENGLAND REVOLUTION
뉴잉글랜드레볼루션
2013 - adidas

NEW YORK RED BULLS
뉴욕레드불스
2013 - adidas

PHILADELPHIA UNION
필라델피아유니온
2013 - adidas

PORTLAND TIMBERS
포틀랜드팀버스
2013 - adidas

REAL SALT LAKE
레알솔트레이크
2013 - adidas

SAN JOSE EARTHQUAKES
산호세어스퀘이크스
2013 - adidas

SEATTLE SOUNDERS
시애틀사운더스
2013 - adidas

SPORTING KANSAS CITY
스포팅캔자스시티
2013 - adidas

Canada

NATIONAL TEAM
캐나다 대표팀
2013 - umbro

MONTREAL IMPACT
몬트리올임팩트
2013 - adidas

MONTREAL IMPACT
몬트리올임팩트
2013 - 서드 - adidas

TORONTO FC
토론토FC
2013 - adidas

TORONTO FC
토론토FC
2013 - 어웨이용 - adidas

VANCOUVER WHITECAPS
밴쿠버화이트캡스
2013 - adidas

The Americas continued

그 밖의 남미와 북중미 대표팀 유니폼

ANTIGUA AND BARBUDA
앤티가바부다 대표팀
2013 – peak

BELIZE
벨리즈 대표팀
2013 – 어웨이용. – Keuka

BERMUDA
버뮤다 대표팀
2013 – score

BOLIVIA
볼리비아 대표팀
2013 – walon

COSTA RICA
코스타리카 대표팀
2013 – lotto

CUBA
쿠바 대표팀
2013 – adidas

EL SALVADOR
엘살바도르 대표팀
2013 – mitre

GUATEMALA
과테말라 대표팀
2013 – umbro

HONDURAS
온두라스 대표팀
2013 – joma

JAMAICA
자메이카 대표팀
2013 – kappa

PANAMA
파나마 대표팀
2013 – lotto

PARAGUAY
파라과이 대표팀
2013 – adidas

PERU
페루 대표팀
2013 – umbro

TRINIDAD AND TOBAGO
트리니다드토바고 대표팀
2013 – adidas

VENEZUELA
베네수엘라 대표팀
2013 – adidas

Tunisia

NATIONAL TEAM
튀니지 대표팀
2013 - burrda sport

CA BIZERTIN
CA비제르틴
2013 - uhlsport

CLUB AFRICAIN
클뢰브아프리캥
2013 - legea

CS SFAXIEN
CS스팍시엔
2013 - nike

ESPÉRANCE SPORTIVE DE TUNIS
에스페랑스스포르티브드튀니스
2013 - nike

ÉTOILE SPORTIVE DU SAHEL
에투알스포르티브뒤사엘
2013 - macron

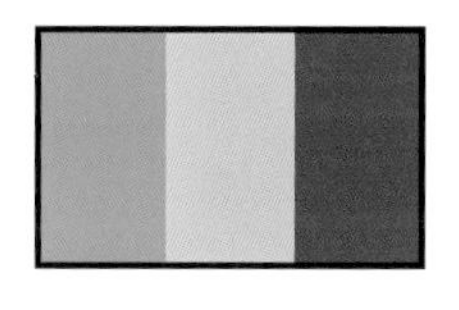

Mali

NATIONAL TEAM
말리 대표팀
2013 - airness

AS RÉAL
AS레알
2013

DJOLIBA
디졸리바
2013

ONZE CRÉATEURS
온즈크레아투르
2013 - legea

STADE MALIEN
스타드말리앙
2013

USFAS
USFAS
2013

Morocco

NATIONAL TEAM
모로코 대표팀
2013 - adidas

CR AL HOCEIMA
CR알호세이마
2013

FAR RABAT
FAR라바트
2013 - uhlsport

RAJA CASABLANCA
라자카사블랑카
2013 - lotto

RENAISSANCE DE BERKANE
르네상스데베르카네
2013 - adidas

WYDAD CASABLANCA
위다드카사블랑카
2013

Algeria

NATIONAL TEAM
알제리 대표팀
2013 - puma

CR BÉLOUIZDAD
CR벨루이즈다드
2013 - Joma

CS CONSTANTINE
CS콘스탄틴
2013 - kcs

ES SÉTIF
ES세티프
2013 - joma

JS KABYLIE
JS카빌리
2013 - adidas

MC ALGER
MC알제
2013 - joma

Côte d'Ivoire

NATIONAL TEAM
코트디부아르 대표팀
2013 - puma

AFRICA SPORTS
아프리카스포츠
2013

ASEC MIMOSAS
ASEC미모자
2013

ASI D'ABENGOUROU
ASI다방구르
2013

CO KORHOGO
CO코로고
2013 - madsport

DENGUÉLÉ SPORT
돈게레스포트
2013 - puma

DJÉKANOU
제카누
2013 - puma

EFYM
EFYM
2013 - adidas

ES BINGERVILLE
ES뱅제빌
2013

JCA
JCA
2013 - puma

SC GAGNOA
SC가뇨아
2013

SÉWÉ SPORT
세웨스포르
2013 - mass

SOA
SOA
2013

STELLA D'ADJAMÉ
스텔라다자메
2013 - uhlsport

USC BASSAM
USC바상
2013 - adidas

South Africa

NATIONAL TEAM
남아공 대표팀
2013 - PUMA

NATIONAL TEAM
남아공 대표팀
2013 - 어웨이용 - PUMA

AJAX CAPE TOWN
아약스케이프타운
2013 - ADIDAS

AMAZULU
아마줄루
2013 - 어웨이용 - ADIDAS

BLACK LEOPARDS
블랙레오파드
2013 - 어웨이용 - KAPPA

BLOEMFONTEIN CELTIC
블룸폰테인셀틱
2013 - REEBOK

BLOEMFONTEIN CELTIC
블룸폰테인셀틱
2013 - 어웨이용 - REEBOK

FREE STATE STARS
프리스테이트스타즈
2013 - 어웨이용 - MAXED

KAIZER CHIEFS
카이저치프스
2013 - NIKE

KAIZER CHIEFS
카이저치프스
2013 - 서드 - NIKE

MAMELODI SUNDOWNS
마멜로디선다운스
2013 - 어웨이용 - NIKE

MOROKA SWALLOWS
모로카스왈로스
2013 - 어웨이용 - PUMA

ORLANDO PIRATES
올랜도파이리츠
2013 - ADIDAS

PLATINUM STARS
플래티넘스타스
2013 - UMBRO

PRETORIA UNIVERSITY
프레토리아유니버시티
2013 - 어웨이용 - UMBRO

Egypt

NATIONAL TEAM
이집트 대표팀
2013 - adidas

AL AHLY CAIRO
알아흘리카이로
2013 - adidas

AL ITTIHAD
알이티하드
2013 - diadora

ARAB CONTRACTORS
아랍컨트랙터스
2013 - umbro

PETROJET
페트로젯
2013 - umbro

ZAMALEK
자말렉
2013 - adidas

Africa continued

그 밖의 아프리카 대표팀 유니폼

ANGOLA
앙골라 대표팀
2013 - ADIDAS

BENIN
베냉 대표팀
2013 - aIRNESS

BOTSWANA
보츠와나 대표팀
2013 - UMBRO

BURKINA FASO
부르키나파소 대표팀
2013 - PUMA

CAMEROON
카메룬 대표팀
2013 - PUMA

CAPE VERDE
카보베르데 대표팀
2013 - tepa

CONGO
콩고 대표팀
2013 - uhlsport

CONGO DR
콩고 민주공화국 대표팀
2013 - errea

ETHIOPIA
에티오피아 대표팀
2013 - adidas

GABON
가봉 대표팀
2013 - puma

GHANA
가나 대표팀
2013 - puma

GUINEA
기니 대표팀
2013 - airness

KENYA
케냐 대표팀
2013 - kelme

LESOTHO
레소토 대표팀
2013 - Basutoland Ink

MALAWI
말라위 대표팀
2013 - puma

MOZAMBIQUE
모잠비크 대표팀
2013 - locatoni

NAMIBIA
나미비아 대표팀
2013 - puma

NIGER
니제르 대표팀
2013 - tovio

NIGERIA
나이지리아 대표팀
2013 - adidas

RWANDA
르완다 대표팀
2013 - adidas

SENEGAL
세네갈 대표팀
2013 - puma

TANZANIA
탄자니아 대표팀
2013 - uhlsport

TOGO
토고 대표팀
2013 - puma

ZAMBIA
잠비아 대표팀
2013 - nike

Korea

NATIONAL TEAM
대한민국 대표팀
2020 - 어웨이용 - nike

NATIONAL TEAM
대한민국 대표팀
2012 - 어웨이용 - nike

BUSAN I´PARK
부산아이파크
2013 - puma

DAEJEON CITIZEN
대전시티즌
2013 - kappa

FC SEOUL
FC서울
2013 - le coq sportif

GANGWON FC
강원FC
2013 - astore

GYEONGNAM FC
경남FC
2013 - 어웨이용 - hummel

INCHEON UNITED
인천유나이티드
2013 - le coq sportif

JEJU UNITED
제주유나이티드
2013 - 어웨이용 - kika

JEONNAM DRAGONS
전남드래곤즈
2013 - kelme

JEONBUK HYUNDAI MOTORS FC
전북현대모터스
2013 - hummel

POHANG STEELERS
포항스틸러스
2013 - atemi

SEONGNAM ILHWA CHUNMA
성남일화
2013 - uhlsport

SUWON SAMSUNG BLUEWINGS
수원삼성블루윙즈
2013 - adidas

ULSAN HYUNDAI HORANGI
울산현대호랑이
2013 - diadora

Japan

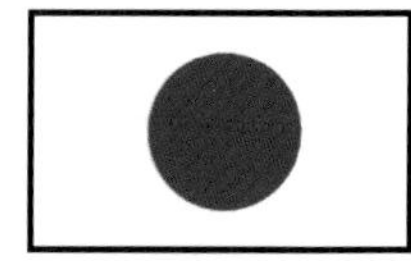

NATIONAL TEAM
일본 대표팀
2013 – adidas

NATIONAL TEAM
일본 대표팀
2013 – 어웨이용 – adidas

ALBIREX NIIGATA
알비렉스니가타
2013 – adidas

ALBIREX NIIGATA
알비렉스니가타
2013 – 어웨이용 – adidas

CEREZO OSAKA
세레소오사카
2013 – mizuno

CEREZO OSAKA
세레소오사카
2013 – 어웨이용 – mizuno

FC TOKYO
FC도쿄
2013 - adidas

FC TOKYO
FC도쿄
2013 - 어웨이용 - adidas

JÚBILO IWATA
주빌로이와타
2013 - puma

JÚBILO IWATA
주빌로이와타
2013 - 어웨이용 - puma

KASHIMA ANTLERS
가시마앤틀러스
2013 - nike

KASHIMA ANTLERS
가시마앤틀러스
2013 - 어웨이용 - nike

KASHIWA REYSOL
가시와레이솔
2013 - yonex

KAWASAKI FRONTALE
가와사키프론탈레
2013 - puma

KAWASAKI FRONTALE
가와사키프론탈레
2013 - 어웨이용 - puma

NAGOYA GRAMPUS EIGHT
나고야그램퍼스
2013 - le coq sportif

NAGOYA GRAMPUS EIGHT
나고야그램퍼스
2013 - 어웨이용 - le coq sportif

OITA TRINITA
오이타트리니타
2013 - puma

OMIYA ARDIJA
오미야아르디자
2013 - under armour

SAGAN TOSU
사간토스
2013 - warrior

SAGAN TOSU
사간토스
2013 - 어웨이용 - warrior

SANFRECCE HIROSHIMA
산프레체히로시마
2013 - nike

SANFRECCE HIROSHIMA
산프레체히로시마
2013 - 어웨이용 - nike

SHIMIZU S-PULSE
시미즈S펄스
2013 - puma

SHIMIZU S-PULSE
시미즈S펄스
2013 - 어웨이용 - puma

SHONAN BELLMARE
쇼난벨마레
2013 - penalty

URAWA RED DIAMONDS
우라와레드다이아몬즈
2013 - nike

URAWA RED DIAMONDS
우라와레드다이아몬즈
2013 - 서드 - nike

VEGALTA SENDAI
베갈타센다이
2013 - oasics

VENTFORET KOFU
반포레고후
2013 - mizuno

VENTFORET KOFU
반포레고후
2013 - 어웨이용 - mizuno

YOKOHAMA F MARINOS
요코하마F마리노스
2013 - adidas

YOKOHAMA F MARINOS
요코하마F마리노스
2013 - 어웨이용 - adidas

Australia

NATIONAL TEAM
호주 대표팀
2013 - NIKE

BRISBANE ROAR
브리즈번로어
2013 - PUMA

CENTRAL COAST MARINERS
센트럴코스트매리너스
2013 - KAPPA

MELBOURNE VICTORY
멜버른빅토리
2013 - 어웨이용 - ADIDAS

PERTH GLORY
퍼스글로리
2013 - BLADES

SYDNEY FC
시드니FC
2013 - ADIDAS

Uzbekistan

NATIONAL TEAM
우즈베키스탄 대표팀
2013 - JOMA

MASH'AL MUBAREK
마샬무바레크
2013 - ADIDAS

NAVBAHOR NAMANGAN
나브바호르나망간
2013 - ADIDAS

NEFTCHI FERGANA
네프치페르가나
2013 - ADIDAS

PAKHTAKOR TASHKENT
파흐타코르타슈켄트
2013 - ADIDAS

PAKHTAKOR TASHKENT
파흐타코르타슈켄트
2013 - 서드 - ADIDAS

China PR

NATIONAL TEAM
중국 대표팀
2013 - adidas

BEIJING GUO'AN
베이징궈안
2013 - nike

CHANGCHUN YATAI
창춘야타이
2013 - nike

DALIAN AERBIN
다롄아얼빈
2013 - nike

GUANGZHOU EVERGRANDE
광저우헝다
2013 - nike

GUANGZHOU R&F
광저우R&F
2013 - nike

GUIZHOU RENHE
베이징런허
2013 - nike

HANGZHOU GREENTOWN
항저우뤼청
2013 - nike

JIANGSU SAINTY
장쑤쑤닝
2013 - nike

QINGDAO JONOON
칭다오중넝
2013 - nike

SHANDONG LUNENG
산둥루넝
2013 - nike

SHANGHAI SHENHUA
상하이선화
2013 - nike

SHANGHAI SIPG
상하이상강
2013 - nike

TIANJIN TEDA
텐진테다
2013 - nike

WUHAN ZALL
우한줘얼
2013 - nike

Malaysia

NATIONAL TEAM
말레이시아 대표팀
2013 - nike

NATIONAL TEAM
말레이시아 대표팀
2013 - 어웨이용 - nike

DARUL TAKZIM FC
조호르다룰탁짐FC
2013 - 서드 - kappa

KELANTAN
켈란탄
2013 - warriors

PAHANG
파항
2013 - stobi

SELANGOR
셀랑고르주
2013 - KAPPA

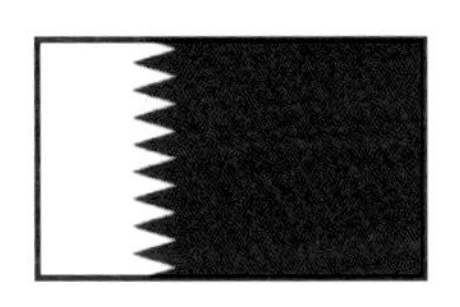

Qatar

NATIONAL TEAM
카타르 대표팀
2013 - nike

AL GHARAFA
알가라파
2013 - errea

AL SADD
알사드
2013 - burrda sport

AL WAKRAH
알와크라
2013 - nike

LEKHWIYA
레크위야
2013 - burrda sport

QATAR SC
카타르SC
2013 - adidas

Asia·Oceania continued

그 밖의 아시아 오세아니아 대표팀 유니폼

BRUNEI
브루나이 대표팀
2013 – LOTTO

HONG KONG
홍콩 대표팀
2013 – nike

INDIA
인도 대표팀
2013 – nike

INDONESIA
인도네시아 대표팀
2013 – nike

IRAQ
이라크 대표팀
2013 – 어웨이용 – peak

LAOS
라오스 대표팀
2013 – 서드 – fbt

MACAU
마카오 대표팀
2013 - ucan

NEW ZEALAND
뉴질랜드 대표팀
2013 - nike

OMAN
오만 대표팀
2013 - taj

PAKISTAN
파키스탄 대표팀
2013 - vision

SINGAPORE
싱가포르 대표팀
2013 - 어웨이용 - nike

TAJIKISTAN
타지키스탄 대표팀
2013 - 서드 - li-ning

UNITED ARAB EMIRATES
아랍에미리트 대표팀
2013 - errea

VIETNAM
베트남 대표팀
2013 - 어웨이용 - nike

YEMEN
예멘 대표팀
2013 - adidas

Index by team names

Table of contents

Picture credits

Page 6: ©Central Press/Getty Images; 10: ©Bob Thomas/Getty Images; 16: ©Fifa.com; 17: ©Ullstein Bild/Roger-Viollet; 18-19: ©DR; 22-23: ©Shau Botterill/AFP; 25: ©Gabriel Bouys/AFP; 28: ©Getty Images; 29: ©BBoris Streubel/Bongarts/Getty Images; 30-31: ©DPA; 35: ©Bob Thomas/Getty Image 36-37: ©DR; 41: ©Popperfoto/Getty Images; 45: ©Presse Sports; 46: ©Presse Sports; 47: ©Iso Sport/Icon Sport; 51: ©Pics United/Presse Sports; 52-5 ©PPG/Icon Sport; 57: ©Shaun Botterill/Getty Images; 61 (from left to right, top to left to right, bottom): ©Bob Thomas/Getty Images, ©Rick Stewar Getty Images, ©Billy Stickland/Getty Images, ©David Cannon/Getty Images; 65 (from left to right, top to left to right, bottom): ©Aldo Liverani/Ico Sport, ©Bob Thomas/Getty Images, ©Bob Thomas/Getty Images, ©Aldo Liverani/Icon Sport; 69: ©Henri Szwarc/Bongarts/Getty Images; 73: ©Hen Szwarc/Bongarts/Getty Images; 77: ©Bob Thomas/Getty Images; 81: (de gauche à droite, de haut en bas) : ©UNC Athletic Communications Archive ©Alex Grimm/Getty Images, ©Nigel Roddis/The FA/Getty Images, ©Robert Beck/Sports Illustrated/Getty Images; 85: ©Junko Kimura/Getty Image 86-87: ©Richiardi/Presse Sports; 88: ©DR; 90: ©Photoshot/Icon Sport; 91: ©Jean Michel Bancet/Icon Sport; 92: ©Other Images/Icon Sport; 97: ©Rondeau Presse Sports; 98-99: ©Sportmedia/Icon Sport; 103: ©Mike Hewitt/AFP; 104-105: ©Denis Doyle/AFP; 108: ©PPG/Icon Sport; 109: ©Rue des Archives AGIP; 113: ©Mike Hewitt/AFP; 114-115: ©SPI/Icon Sport; 119: ©Getty Images Sport; 120: ©Olivier Morin/AFP; 121: ©Salvatore Giglio/Massimo Sestin Presse Sports; 125: ©VI-Images/Getty Images; 129: ©Vladimir Rys/Bongarts/Getty Images; 130-131: ©Franck Faugère/Presse Sports; 135: ©PPG/Ico Sport; 139: ©Estela Silva/epa/Corbis; 140: ©John Peters/Man Utd via Getty Images; 142: ©Photoshot/Icon Sport; 143: ©Action Images/Presse Sport 144-145: ©Pierre Minier/Icon Sport; 149: ©Federico Gambarini/dpa/Corbis; 152: ©Enrique Marcarian/Reuters; 157: ©Matthias Hangst/Witters/Press Sports; 160-161: ©Vladimir Rys/Bongarts/Getty Images; 163: ©Gunnar Berning/Bongarts/Getty Images; 166: ©PPG/Icon Sport; 167: ©DR; 168: ©Dav Price/Arsenal FC via Getty Images; 170: ©Getty Images; 171: ©Stuart MacFarlane/Arsenal FC; 175: ©Presse Sports; 179: ©Amandine Noel/Icon Sport; 18 ©LatinContent/Getty Images.